特集

災害大国・日本

～身を守るために何を知るべきか～

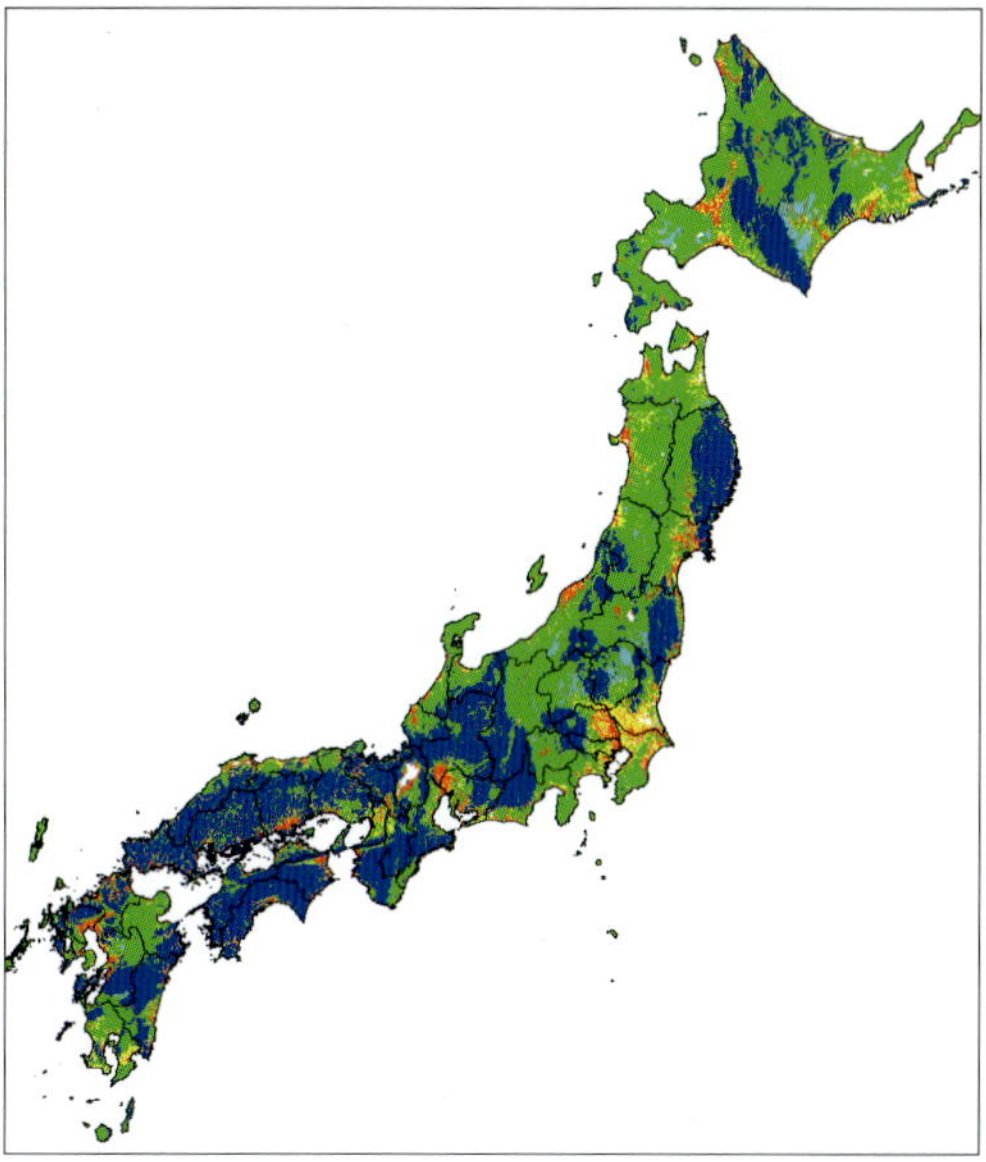

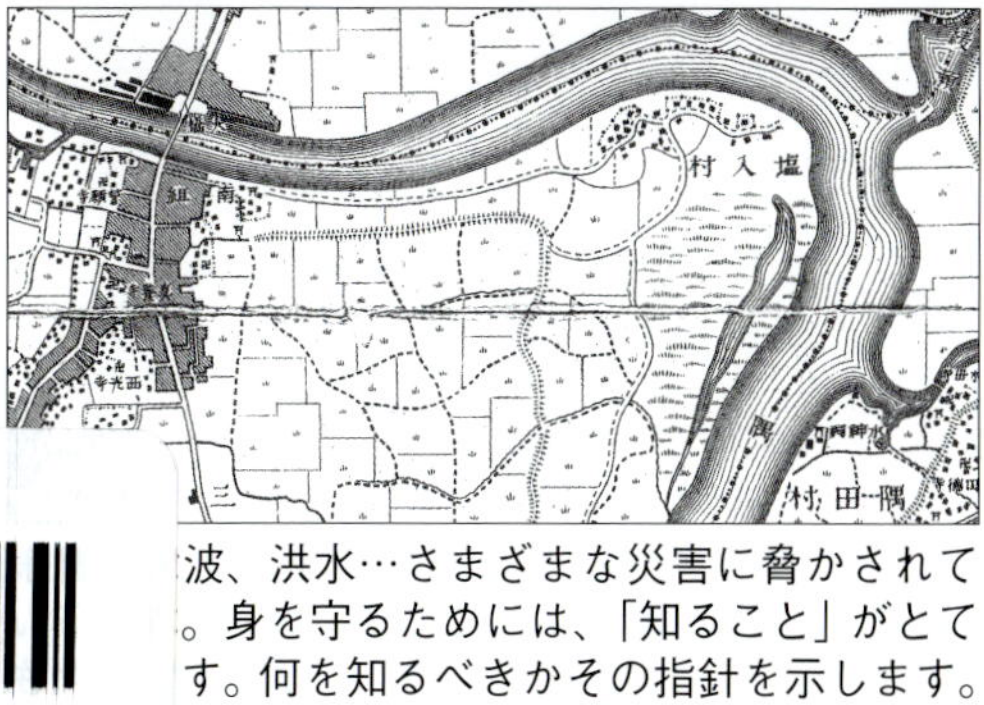

波、洪水…さまざまな災害に脅かされて
。身を守るためには、「知ること」がとて
す。何を知るべきかその指針を示します。

日本列島の特異な立地

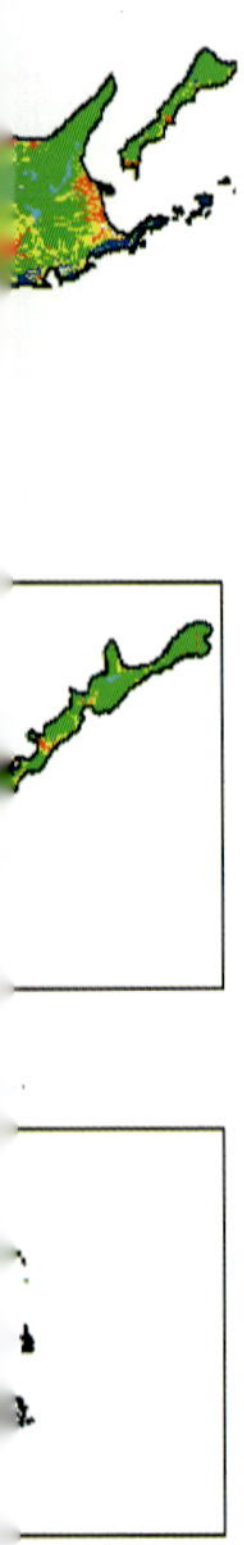

地球上で起こる地震のじつに10パーセントが日本及びその周辺で発生しているといわれる地震大国・日本。日本で暮らす限り、地震による被害から逃れる術はないともいえます。

防災科学技術研究所が2012年10月に発表した最新分析データによれば、日本の人口の3割にあたる3800万人が、地震の際に揺れやすい軟弱地盤の上に居住しています。

軟弱地盤とは「表層地盤増幅率が高い地盤」のこと。簡単にいえば、軟らかく揺れやすい地盤を指し、揺れによる建物の倒壊や、倒壊に伴う火災で多くの死者が想定される土地ともいえます。

4つのプレートが交錯しぶつかり合う特異な場所に位置する日本列島。海洋プレートが大陸プレートの下に沈み込むことで火山帯が形成され、またプレート境界付近では地震が繰り返されます。河川は短く急勾配で、それによって運ばれた土砂が堆積した平野を暮らしの場としている日本人にとって、水源に恵まれた土地は恵みをもたらします。いっぽうで、こうした自然環境が災害を拡大させるという皮肉な側面をあわせもつのです。

前述の分析データは、日本人一人一人が自分の居住する場所の揺れの地盤増幅率を知り、耐震補強などの対策を施して災害に備えることの大切さを教えています。

地震のゆれやすさ全国マップ（内閣府中央防災会議）
（http://www.bousai.go.jp/oshirase/h17/yureyasusa/index.html）
色の赤い場所ほど揺れやすい地盤であることを表している。
なお、上記URLに都道府県別のマップも公開されている。揺れやすい地域に住んでいる場合は、家具の固定はもちろん、耐震補強など揺れに対する備えが必要だ。

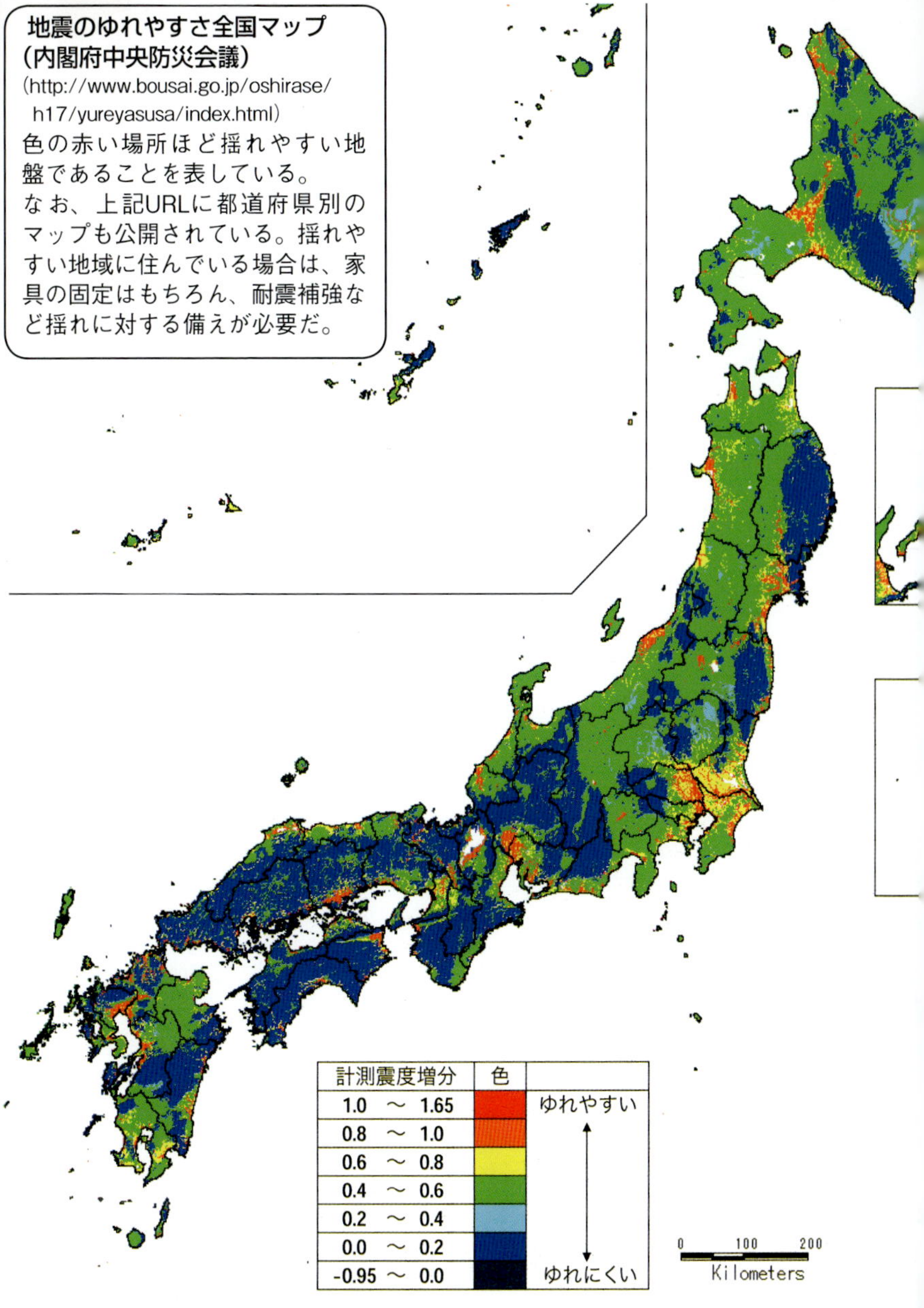

計測震度増分	色	
1.0 ～ 1.65		ゆれやすい
0.8 ～ 1.0		↑
0.6 ～ 0.8		
0.4 ～ 0.6		
0.2 ～ 0.4		
0.0 ～ 0.2		↓
-0.95 ～ 0.0		ゆれにくい

南海トラフの巨大地震の最新被害想定

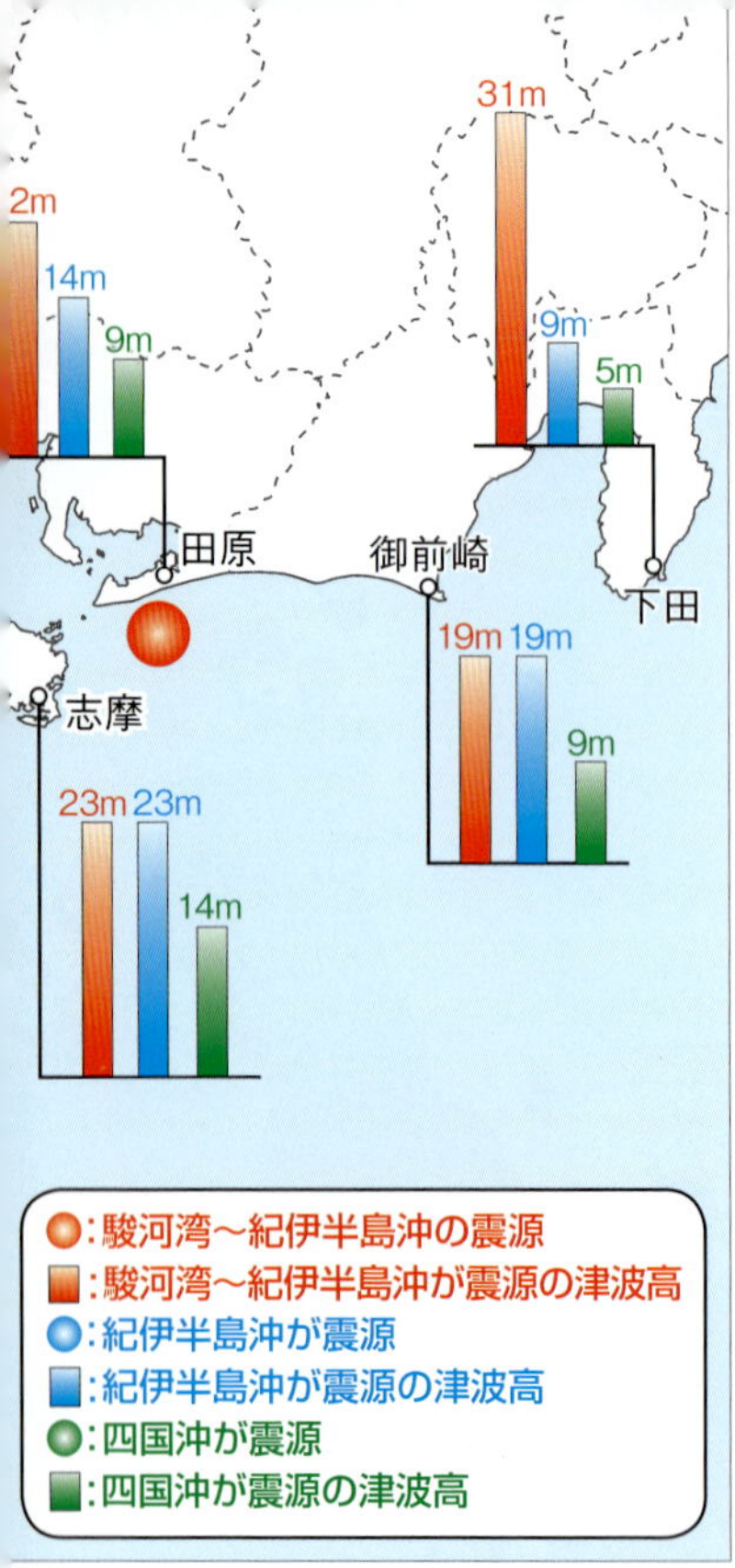

日本列島の駿河湾以西の沖合に位置するトラフと呼ばれる細長い海盆周辺は、地震の多発地域であり、現在最も警戒を要する大規模地震の震源域として対策が急がれています。

南海トラフで発生する地震は震源域の違いによって、東から東海地震、東南海地震、南海地震と呼んで区別されますが、これら3つの地震には歴史的に明らかな特徴を示し、発生時期が90年から150年間隔と周期性があること、そして3つの地震は同時に起こるか、数時間から数年の時間差で起こることがわかっています。

2012年8月、南海トラフの巨大地震の被害想定を内閣府が公表しました。これによると季節や昼夜、震源の位置などの違いでさまざまなケースが想定されていますが、最悪のケースで死者数は約32万人、建物全壊が238万棟という東日本大震災をかなり大きく上回るものになっています。なかでも津波による死者が約23万人とおよそ7割を占めます。

しかしこれが最大限の防災対

南海トラフ巨大地震の津波高・浸水域予測<満潮位>（内閣府・中央防災会議）

（http://www.bousai.go.jp/nankaitrough_info.html）

東海、東南海、南海のそれぞれの震源の違いによって最大津波被害の想定地域が異なるが、太平洋沿岸の広域にわたって被害が及び、さらに3つの地震の連動性から、繰り返し被害を受けることが見て取れる。

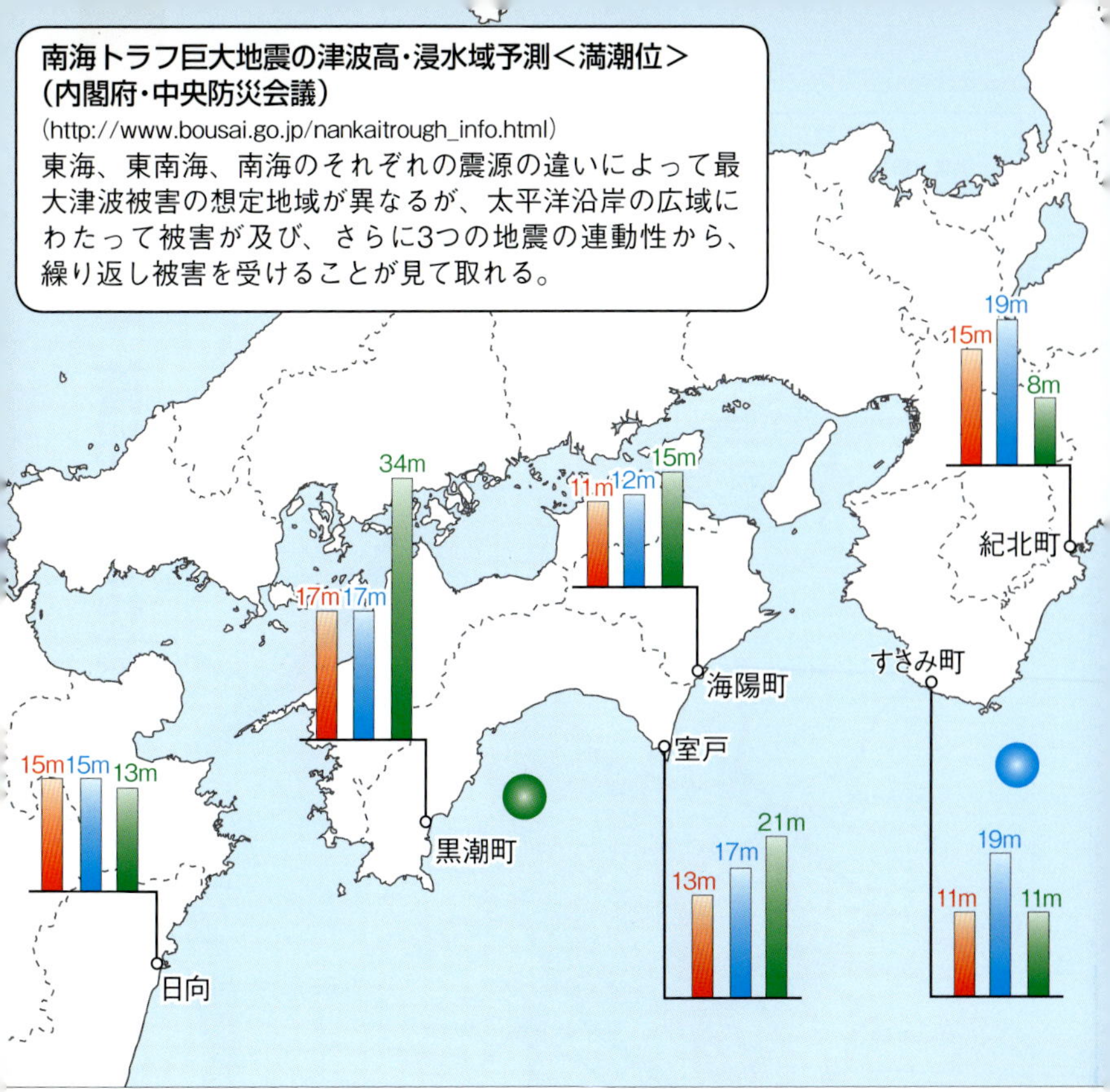

策をした場合には、死者数は約6万1千人、津波による死者は約4万6千人にまで減らすことができると見込まれています。

とくに津波は地震発生の10分後には到達するとされ、発災後は避難の速さが非常に重要であると提言されています。高所の避難場所への避難方法を常に確保することが第一の備えになります。

首都圏で想定される大規模水害

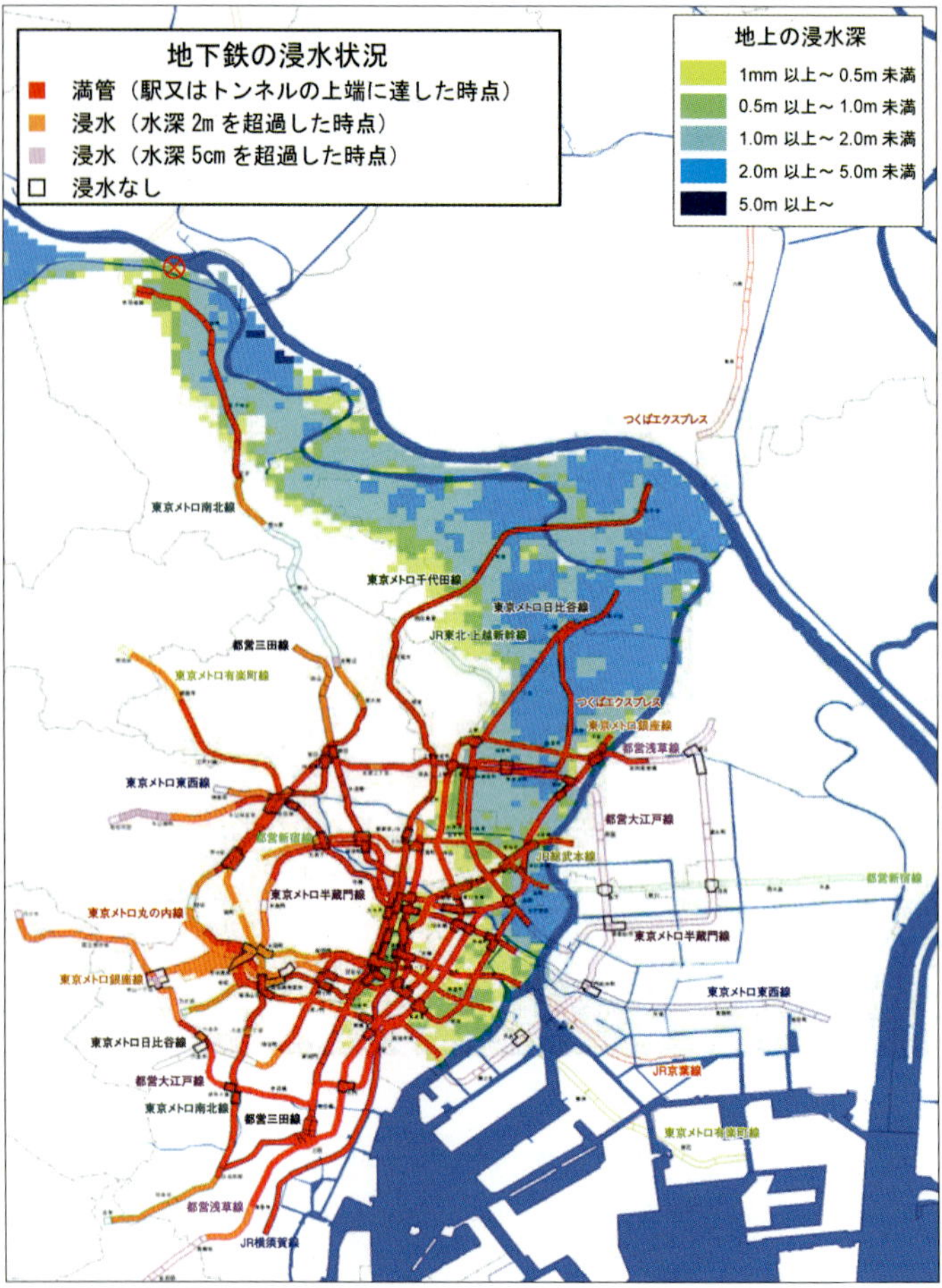

荒川右岸低地氾濫の被害想定
（内閣府・中央防災会議）

（http://www3.ktr.mlit.go.jp/arage/itgis/arahzd/index.html）

200年に一度程度起こる大雨が降ったことにより、荒川が氾濫した場合の浸水の最大値をシミュレーションしたもの。隣接している川（隅田川、江戸川など）が同時に氾濫した場合の考慮はされていないので、この想定を超える浸水がある可能性を忘れないようにしたい。

日本の災害リスクは地震だけではありません。地震の被害の大きさに隠れがちですが、台風や豪雨による洪水で毎年死者が出るほどの被害があることを忘れてはいけません。とくに近年では、豪雨の発生頻度が増加傾向にあります。

こうしたことを受けて2006年、大規模水害としては初となる中央防災会議に大規模水害対策に関する専門調査会が設置されました。

そして2010年4月、同調査会から首都圏の大規模水害の被害想定が公開されています。

それによると、200年に一度程度起こると想定される規模の大雨により、荒川が氾濫した場合には死者数は2000人、孤立者数は86万人とされています。さらに東京湾が高潮で氾濫した場合、死者数7600人、孤立者数80万人、利根川が首都圏で広域氾濫した場合では死者数2600人、孤立者数110万人と想定しています。

浸水深は建物の3階以上に達し、地下空間は短時間で水没しライフラインに甚大な被害を与えるとも報告されています。

荒川水系荒川浸水想定区域図
(http://www3.ktr.mlit.go.jp/arage/itgis/arahzd/index.html)

現在の河川整備状況で、200年に一度の規模の洪水を想定し、200想定破堤点で破堤した場合、どのように浸水が広がっていくか時間ごとにシミュレーションしたものを見ることができます。

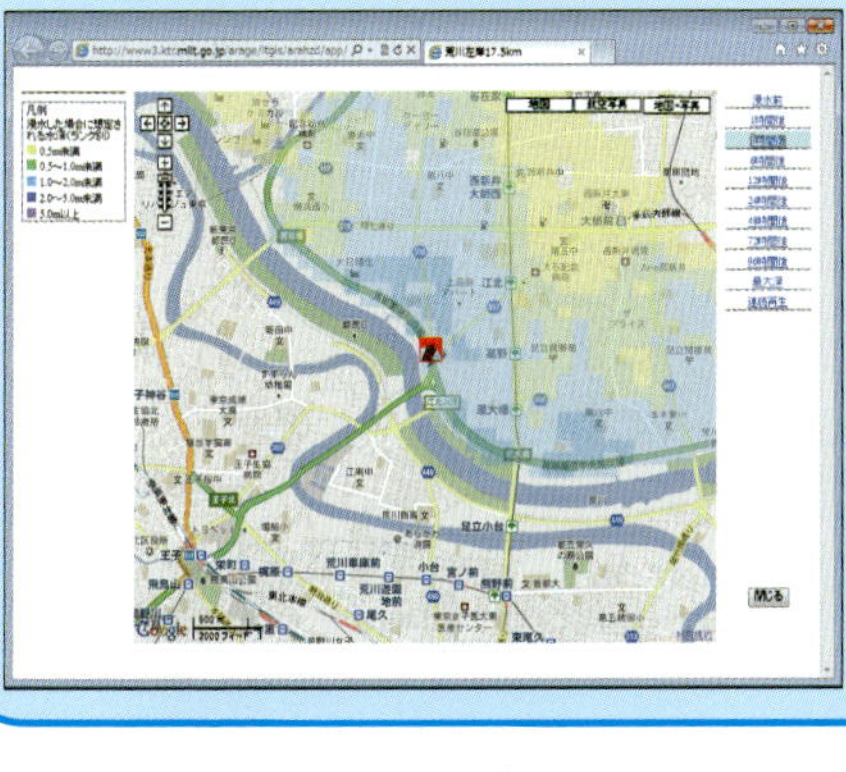

自治体ごとに整備されたハザードマップ

災害被害は地震や津波、洪水だけではなく、他にも土砂災害や火山災害など地域によってさまざまです。

東日本大震災以降、自治体ごとに調査整備されたハザードマップが注目されています。自分の暮らす場所にどんな災害リスクがあるかを知ることは、備えの第一歩になります。ただし、ハザードマップはある想定に基づき危険な区域を表したものなので、実際の被害と必ずしも一致するわけではありません。マップを見て日頃から、災害に備えて話し合うことが重要です。

ハザードマップはどこで見られるの?

ハザードマップは各自治体で配布されている他、国土交通省が運営する「国土交通省ハザードマップポータルサイト」(http://disapotal.gsi.go.jp/)にて自治体がインターネット上で公開しているものを閲覧することが可能です。

自宅だけでなく、勤務先や通学先などのハザードマップを確認しておくこともとても重要です。スマートフォンでも閲覧できるので、旅先の災害リスクも確認できます

また、次ページの地域危険度のデータとマップは東京都都市整備局(http://www.toshiseibi.metro.tokyo.jp/bosai/chousa_6/home.htm)が公開しています。

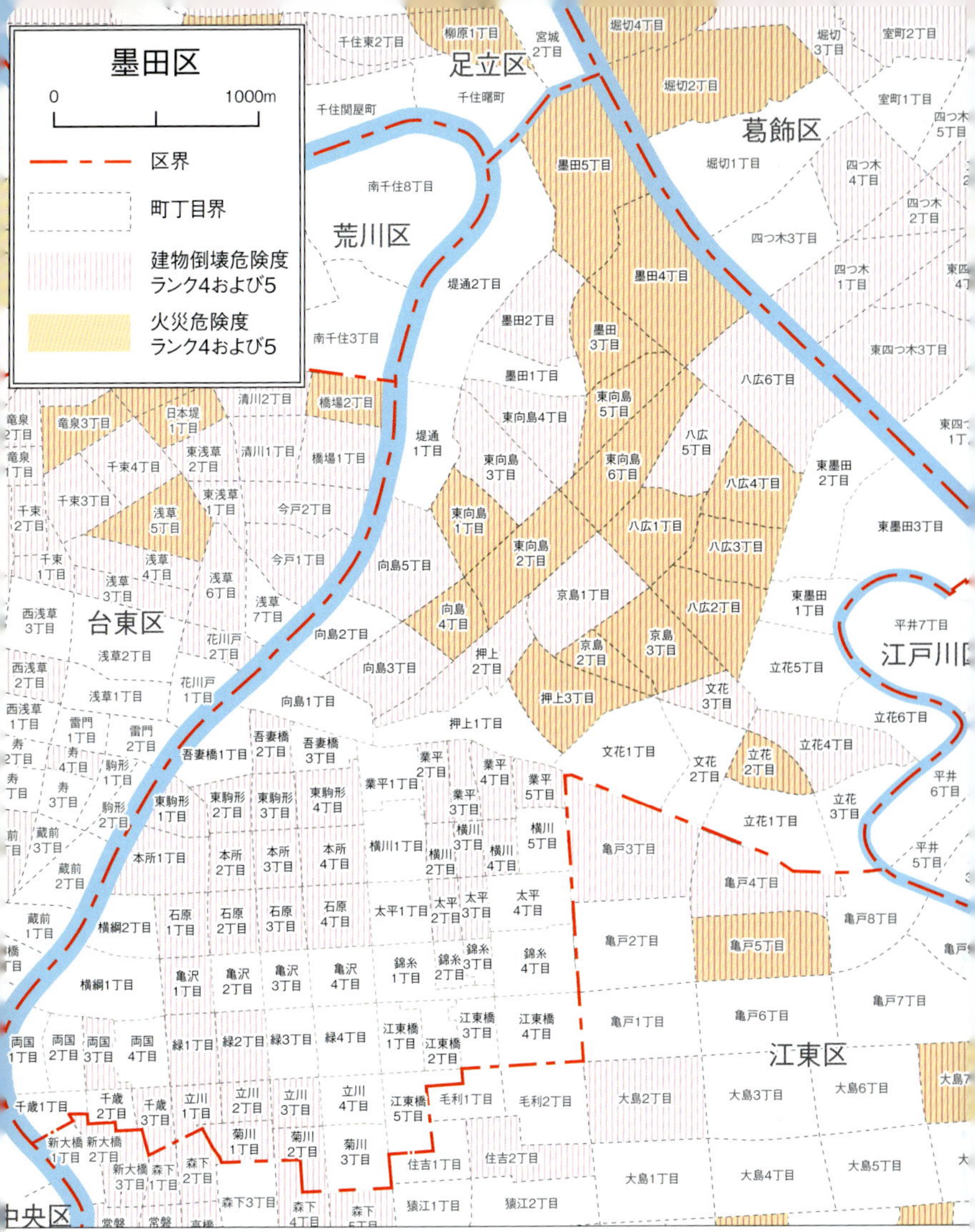

東京都墨田区地域危険度

（東京都都市整備局「地震に関する地域危険度測定調査（第6回）（平成20年2月公表）

http://www.toshiseibi.metro.tokyo.jp/bosai/chousa_6/7sumida.htmより作成）

建物倒壊危険度と火災危険度で地域をランク分けしたもの。上図は総合危険度1位のある墨田区。北の方に火災危険度が高い地域があるため、災害が起こる前に安全な避難経路を考えておくとよい。

迅速測図で土地の性質を調べる

災害に備えるためには、まず自分が暮らす土地のもつリスクを把握しておくことがとても大切になります。とくに水害や土砂災害については、その土地の性質を押さえることがポイントになります。

土地の性質を知る手段の一つに、旧版地図や迅速測図があります。

迅速測図は、明治時代初期から中期にかけて作成された、簡易地図のことで、土地の利用法がわかるように作成されており、当時がどんな土地だったのかを知ることができます。また、本書の主題である地名についても、その当時のものを知ることができる貴重な地図です。

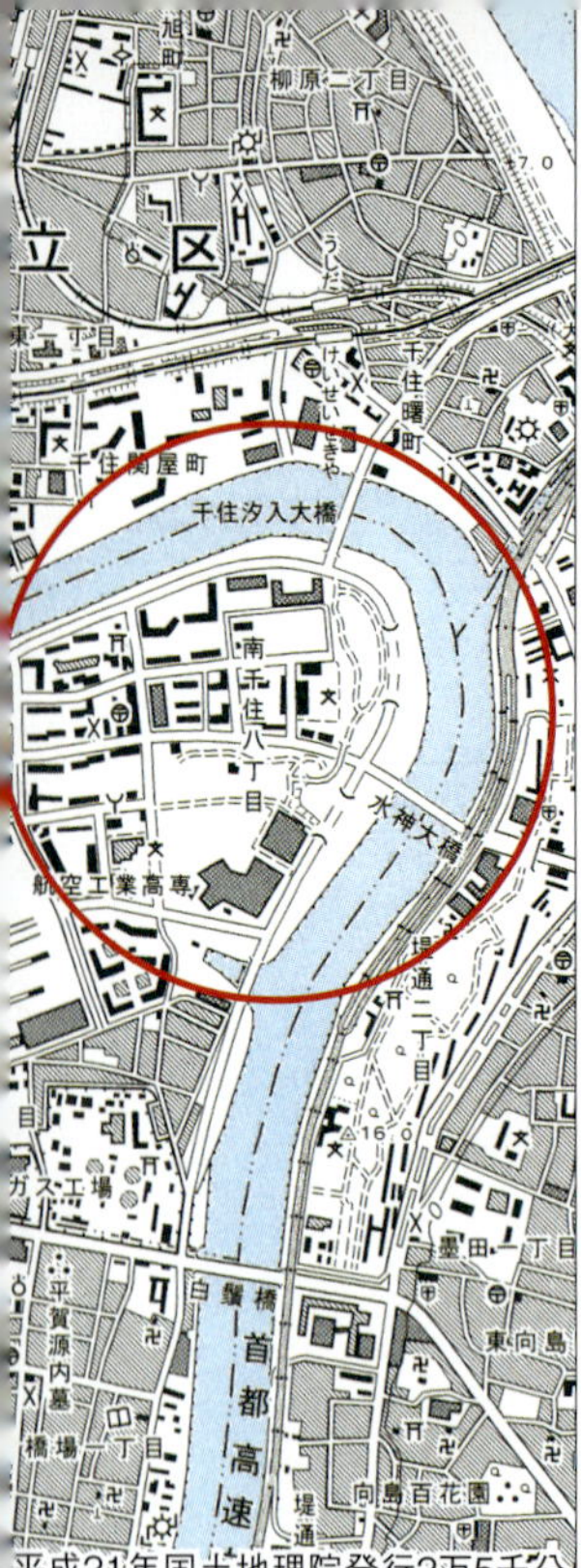

平成21年国土地理院発行2万5千分の1地形図「東京首部」より）

迅速測図の入手方法

旧版地図や迅速測図は国土地理院より謄本を入手可能です（白黒500円～）。

また、（独）農業環境技術研究所の歴史的農業環境閲覧システム（http://habs.dc.affrc.go.jp/）で迅速測図を閲覧できます。

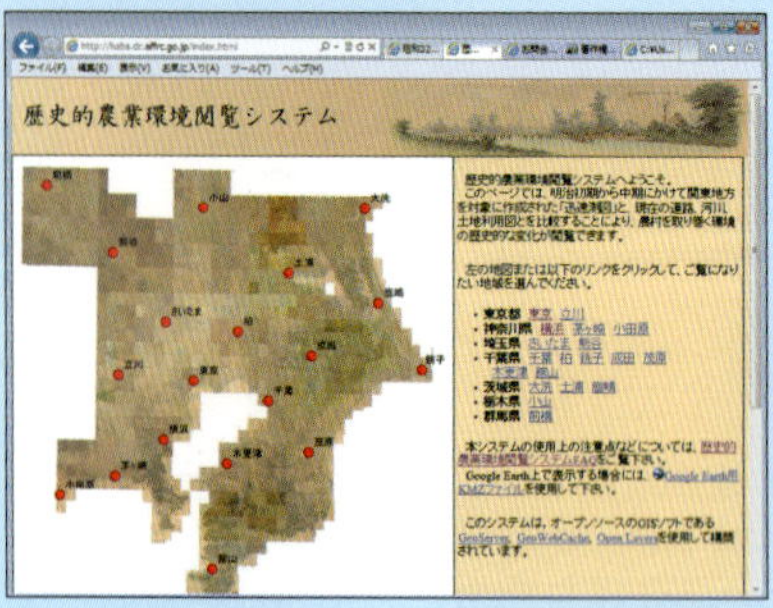

迅速測図原図：下谷區《く》より（国土地理院）
下の2万分の1迅速測図と、右の国土地理院・２万５千分の１地形図「東京首部」を比べると、塩入村が現代地形図で南千住八丁目にあたり、明治期はこの周辺が湿地帯であったことがわかる。このあたりは1949年のキティ台風の際に浸水被害に遭っている。

（明治20年陸地測量部発行　2万分の1迅速測図「下谷區」より）

古い航空写真で災害リスクを調べる

土地の成り立ちを知る方法として、古い航空写真も参考になります。1940年代後半に米軍によって撮影されたものと、それ以降に国土地理院や旧国土庁によって全国整備されたもの等があり、地図よりもダイレクトに地形を確認することができて、重宝な素材です。

そしてもし居住地が以前は水田や沼地だった場合には、豪雨時の水害や地震時の液状化などのリスクを考えておく必要があります。

航空写真は、国土交通省国土制作局が運営する航空写真画像情報所在検索・案内システム（http://airphoto.gis.go.jp/aplis/Agreement.jsp）で閲覧できます。

航空写真：千葉県我孫子市

左の写真は1949年米軍撮影のもの。我孫子市布佐周辺が水田の中の沼地であったことがわかる。下の1989年の旧国土庁撮影写真では沼地や水田が埋め立てられ、住宅が建ち並ぶ。
この沼地一帯は、2011年の東日本大震災で液状化被害に見舞われた（左下の写真）。

（1949年撮影　国土地理院所有、米軍撮影の空中写真より）

（1989年撮影　国土画像情報（カラー空中写真）国土交通省より）

東日本大震災で液状化した我孫子市布佐
（東北地方太平洋沖地震災害対策本部　総括報告より
http://www.city.abiko.chiba.jp/index.cfm/18,73887,c,html/73887/20120224-113923.pdf）

土地条件図を見てみよう

さらに土地の成り立ちを知る方法として、土地条件図を読み解く方法がとられます。土地条件図とは、昭和30年代から実施されている土地条件調査をもとに、土地を「山地・丘陵」「低地」「砂地」など、地形分類したものです。平成22年以降の更新では、都市部で埋立地などの「人工地形」の改変以前の地形もわかるようになっています。前述した地図や写真では、自然地形か人工地形かわからないところも、土地条件図でわかるのです。

このとき重要なのは、土地条件図を見て居住地の周りの土地の性質を読み、可能性のある被害を考えることです。

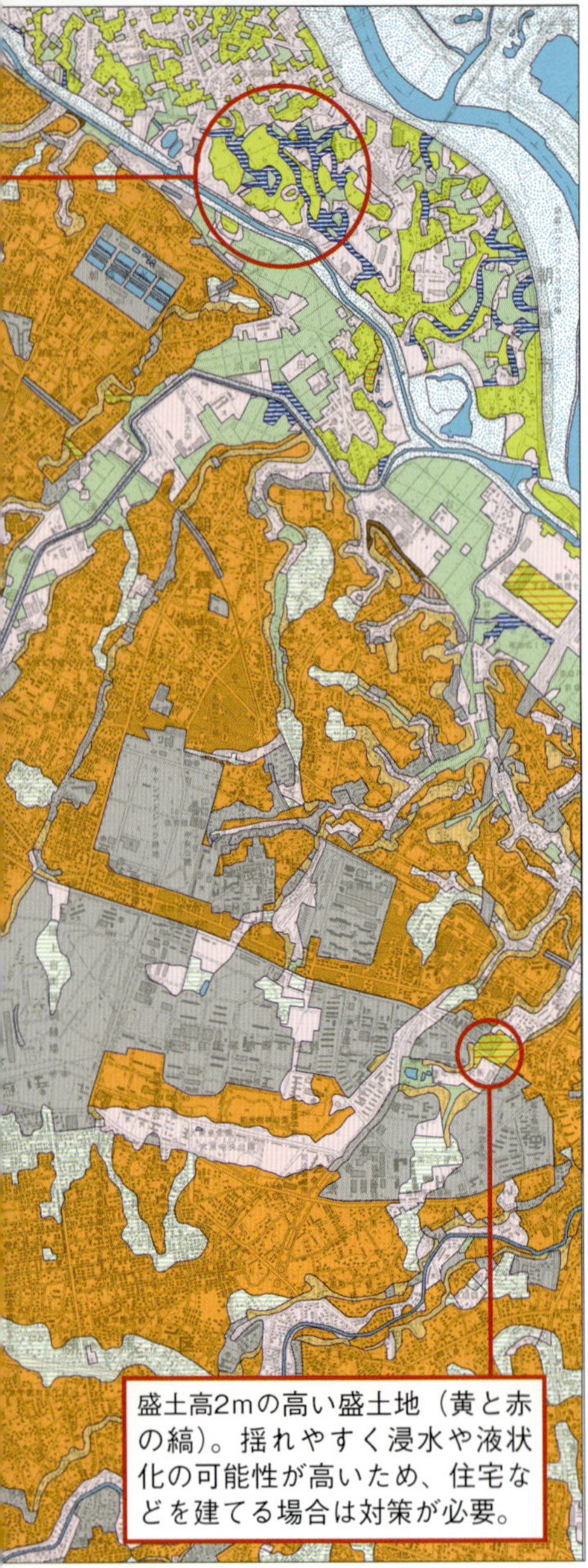

盛土高2mの高い盛土地（黄と赤の縞）。揺れやすく浸水や液状化の可能性が高いため、住宅などを建てる場合は対策が必要。

旧河道（過去に河川だった土地・青縞）と自然堤防（黄色）が入り組んでいる。豪雨の際は旧河道の土地に雨水がたまり、浸水の危険性が高い。周辺も盛土地・埋立地（ピンク）のため地震の際は一帯が液状化する可能性もある。
段丘に囲まれた浅い谷（緑縞）なので、豪雨の際は雨水が流れ込み浸水の恐れがある。
土を削り平らにされた切土地（灰色）は、もとの地盤の硬さが維持されるので、安定した土地。土を盛り平らにされた盛土地（ピンク）は盛土の部分に液状化等の恐れがある。同じ段丘上でも注意が必要。

土地条件図：志木（平成23年・国土地理院）
http://www1.gsi.go.jp/geowww/landcondition/lcm_renewal/img/shiki.pdf
土地条件図は、2万5千分の1地形図の上に地形分類などを重ねて表示したものである。たとえばこの図でいえば、橙色は段丘で地盤が強い箇所。川沿いにある緑色は谷底・氾濫平野、ピンク色は盛土地・埋立地で地盤が弱く液状化などの恐れがある箇所といえる。
土地条件図の閲覧、購入は国土地理院（http://www.gsi.go.jp/bousaichiri/lc_index.html）より。

地名は土地の「様《さま》」を知る有効な手がかり

万一の災害時に備え、身を守る術として「土地の成り立ち」を知る方法を紹介しましたが、もっと身近で簡単にそれを知ることのできるものが「地名」です。とくに昔からに伝わる地名を読み解くと、「その土地でどんな災害があったのか」「その土地はどんな性質をもっているのか」などを想像することができます。

たとえば、若者の街として知られる東京の「渋谷」。「渋」には滞る・行き詰まる、しぼむ、といった意味があり、「谷」は文字のとおり川が深く掘り下げた渓谷です。つまり渋谷は行き詰まった谷という意味です。確かに街は渋谷川の谷底に位置し、豪雨の際に水が流れ込んで駅前が水浸しになっている様を見ると、地名が土地の性質を表し、伴う危険も表していることがよくわかります。

しかし最近では、市区町村の合併や住居表示の変更などで昔からの地名がなくなってしまった所も増えました。

前述した古い資料やインターネットを利用して、古い地名を調べることから始めましょう。

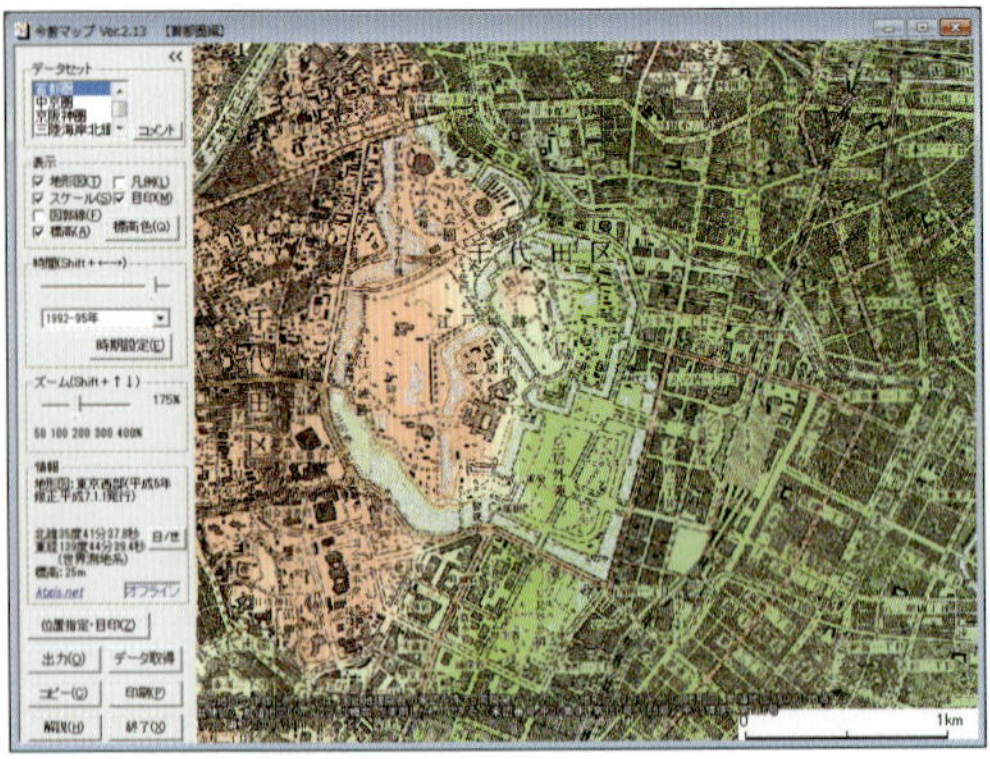

フリーソフト「今昔マップ2」（http://ktgis.net/kjmap/）
新旧の地形図を切り替えながら表示でき、土地の過去を知ることができる。首都圏だけでなく中京、京阪、三陸を見ることが可能。作者は埼玉大学教育学部准教授、谷謙二氏。

地名は災害を警告する

由来を知り　わが身を守る

遠藤宏之
Endo Hiroyuki

tanQ
ブックス
17

技術評論社

まえがき

地震災害、津波災害、火山災害、水害、土砂災害、雪害など、日本列島は毎年のように災害に見舞われる。これは、我が国が複数のプレート境界近くに位置することで地震や津波が起こりやすいことや、モンスーン気候下にあることで梅雨や台風など、まとまった雨が降りやすい季節があるという環境によるところが大きい。加えて日本の河川は水源である山から河口である海までの距離が短く、標高差も大きいことから総じて勾配は急である。ひとたび大雨が降れば雨水や土砂の流出が早く、河川の流量は急激に増加しやすいのはこうした理由による。

このようなことから、この国に住む以上は、私たちは災害と向き合って暮らすことが避けられない。そして過去の災害の歴史を見ていくと、そこに火山があるからこそ起こる火山災害は言わずもがな、地震も津波も水害も土砂災害も、じつは同じ場所で繰り返し発生していることがわかる。災害は土地の性質に依存している。だからこそ、土地の性質を知ることが減災に直結するのである。

今、減災のために何かしようとしている方は、おそらくハザードマップを確認されていることだろう。市町村が配布しているハザードマップは、定量的にその土地の危険度を示してくれるものであるが、それは「任意の想定に基づいたシミュレーション」の計算結果であり、必ずしも正解値ではない。自分の住んでいる場所が浸水想定区域に入っていないからといって、それが「安全」を保証するものではないのだ。想定が変われば計算結果も変わる。あなたの住む場所が今浸水想定区域に入っていないのは、たまたま今回の想定では入らなかっただけという、ある意味偶然の結果かもしれないのである。想定を過信してはいけないことは、2011年の東日本大震災で学んだ教訓の一つであったはずだ。ハザードマップは目安としての危険度を示してはいても、土地の性質を教えてくれているわけではないのだ。

では、土地の性質を知るためにはどうすればいいのだろうか。調べる方法は色々とある。地域に残っている古い災害の記録を調べるのも一つの方法だ。また、土地条件図や治水地形分類図、地形図や地質図などでその土地の成因や地形分類を知るのもいい。さらに、古い地図や開発される前の航空写真をあたることで、その土地の本来の姿を知ることもできる。いずれも有効な手法であるが、やや専門的な知識を要する上、さまざまな機関に足を運ぶことを強いられる。

もっと手軽に知る方法はないか。ある。それが地名だ。地名は多くの場合、古い時代から伝承されてきたものである。私たちの祖先は、過去にその場所で起きた災害やその土地が持つ特性について、地名としてメッセージを残してくれている例が多い。地名を解読することで、その土地固有の性質をある程度知ることができるのである。本書はより多くの人に災害と土地の関連を知ってもらうことが減災に役立つとの考えのもと、災害地名に込められた先人のメッセージを解説するものである。

地名である程度土地の性質を把握したら、次はぜひその土地を実際に歩いて自分の目で確かめていただきたい。地名で得た情報をヒントにして、どこが高くどこが低いのかなど周囲の地形を知り、大雨が降ったら水がどのように流れるかなど、イメージしてもらえればいい。そうすることにより、いざ災害が起こった時にどんなことが起こるのか、そしてどのように行動をするべきか見えてくるはずだ。そして自分の住む場所の特徴を知った上で、早めの避難を心がけてもらいたい。その指針となるべく本書の筆をとった。

犠牲者や被災者を一人でも減らしたい。本書がその一助になることを願ってやまない。

目次

特集　災害大国・日本　～身を守るために何を知るべきか～ …… 1
まえがき …… 18
序章　東日本大震災が教えてくれたもの …… 25
東日本大震災の「想定外」という大ウソ！ …… 26
地名は教えてくれていた …… 31
地名の声を聞け …… 35
第1章　地名は土地の様《さま》を表す …… 39
「ぞうさん公園」の謎 …… 40

住所と地名は何が違う？……43
嘘だらけの地名由来……47
行政地名にも手掛かりあり……51
「稲の領域」「人の領域」……55

第2章 震災が浮き彫りにした災害地名の真実……61

東日本大震災であらわになった津波痕跡地名……62
激しい波に噛まれた「カマ」地名／沿岸部の軟弱な低湿地も津波の常襲地／
津波で船が陸を越える？「船越」
時に生死をも分ける崩壊地名……71
地すべり地名が並ぶ旧山古志村と新潟中越地震
地震のリスクを知る地名は？……74
イメージ地名は疑え……76
雨が降れば川はあふれる……83
集落を襲う土石流の恐怖／繰り返された白川の水害／7年前の教訓
ゲリラ豪雨で冠水する場所は最初から決まっている……91

じつはゲリラ豪雨に弱いのは山の手だ／なぜ中野坂上は「坂の上」なのに冠水したのか／湖の底の住宅地／広大な湖だった大阪東部
川を挟んだ同地名は水害のサイン …… 102
動物地名に隠された災害 …… 107
可憐な植物地名の本当の意味 …… 110

第3章 過去の災害に見る首都圏の災害地名

…… 115
首都圏は災害地名の宝庫 …… 116
荒川放水路の意味 …… 122
カスリーン台風が示した水害地名のリスク …… 125
水害地名が分布するのは旧河川沿い　幸手～宮代～春日部／松伏～越谷～吉川～三郷～八潮～草加／水没した東京下町　葛飾区～足立区～江戸川区
高潮に襲われる下町低地 ～キティ台風が示した高潮災害のリスク …… 139
台地の上も浸水する ～ゲリラ豪雨で生きる狩野川台風の教訓 …… 144

多摩川が氾濫しなくても浸水する多摩川低地／なぜ山の手台地が浸水するのか／じつは水害常襲地だった杉並区／神田川に悩まされた中野区と新宿区／谷底低地に水害地名が並ぶ世田谷区／イメージ地名が多い目黒区と地形に忠実な地名が多い渋谷区

第4章 **災害地名を読み解く** …… 163

災害地名リスト(五十音順) …… 164

第5章 **災害地名の見つけ方** …… 229

隠れた旧地名を探し出せ …… 230

地図で確かめる災害地名 …… 232

巻末 **地名索引** …… 236

用語索引 …… 237

序章

東日本大震災が教えてくれたもの

東日本大震災の「想定外」という大ウソ！

２０１１年3月11日、マグニチュード9という未曾有の大地震が東日本を襲った。東北地方から関東地方沿岸に押し寄せた大津波は多くの生命や財産を呑みこみ、震源から遠く離れた首都圏でも長周期地震動の影響で液状化などの大きな被害が出た。いわゆる東日本大震災である。

この地震による被害について、政府もマスコミも研究者も、そしてその後長きに渡って日本を苦しめることになる原発事故の当事者である電力会社も、こぞって「想定外」という言葉で表現した。

しかし果たして本当にそうだろうか。私はその言葉に大きな違和感を覚えた。

災害とは多かれ少なかれ、その土地の性質に依存するもので、その土地においては同じような災害が繰り返されているのだ。現在私たちが目にしているさまざまな地形の多くは、洪水や地震や津波や火山の噴火といった、地球活動の積み重ねによりつくられたものである。私たちの一生は、多くの場合１００年にも満たない。これは地球活動のタイムスケールの中ではわずかな瞬間でしかない。その短い時間の中で、たまたま一度も同じような被害に遭っていないからといって、それを「想定外」とするのはあまりにも考え方として浅はかなのではないか。

地震も津波も水害も土砂災害も、じつは同じ場所で繰り返し発生している。実際、東日本大震災の被災地も、有史以降何度か被害を受けていることがわかっている。決して初めてのことではないのである。

リアス式海岸が続く三陸地方が、繰り返し津波に襲われている地域であることはよく知られている。2011年の津波が想定外の高さであったことや、高い防潮堤などの防災ハードが整備されていたことによる過信が、避難の遅れを招いたことで多くの犠牲者を出したが、地域として津波の危険そのものは共有されていたはずである。こうしたことから、三陸地方では東日本大震災の津波は「ついに来たか」「やはり来たか」という感覚が強い。

いっぽう、仙台平野以南の地域については、そもそも津波への認識は三陸ほど高くはなかった。三陸は50年程度の短い周期で大津波に襲われているのに対して、仙台平野以南の地域が大津波に見舞われたのは869年の貞観《じょうがん》地震（＊1）、1611年の慶長三陸地震（＊2）がある程度である。人々に津波への意識や備えが低かったのは致し方のないことで、東日本大震災の津波への反応も「まさか」「何で？」といった、まったくの不意討ちを思わせるものになった。

しかしながら、知られている過去の貞観地震や慶長三陸地震では、津波は内陸部まで及び、大きな被害が出ている。大きなタイムスケールで見れば、いずれ繰り返されることは予想できたはずである。

今、2011年の東日本大震災を経て、多くの日本人は津波の恐ろしさを共有しているし、それを子どもや孫へと話す機会も多いはずだ。そうすることで世代を越えて災害の体験が教訓として伝わっていけば、次に大津波が襲った時に助かる人は増えるだろう。しかし、災害の体験は災害が高い頻度で繰り返さない限りいずれ風化してしまう。そして悲劇が繰り返されるのである。

震災以来、防災関係者の間で、被災地に津波の怖さを残し伝えるために、被害の爪痕を災害遺構として保存しようとする動きがある。後世の人たちが遺構を見ることで、津波の怖さと、その地域が過去に津波に襲われたという事実を忘れないようにするためである。しかし、目の前で多くの人の命が奪われた場面を思い出してしまうという被災者の感情もあり、実現は簡単ではない。「歴史は繰り返す」ことを考えれば、被災体験は何らかの形で後世に伝えなければならないのだが。

今回の被災地域にも、貞観地震や慶長三陸地震の教訓はいくつも残されていたことがわかってきている。過去に災害を受けた先人たちは、私たちにたくさんのメッセージを残してくれていたのだ。

たとえば、津波は内陸に至るまで広い範囲を浸水させたが、奥州街道や浜街道の宿場町はほとんど浸水していない。これらの街道は江戸時代に整備されたものだが、江戸時代初期に慶長三陸地震があったことで、その教訓から浸水域を避けて整備されたものとされている。もっとも、このケースは先人からのメッセージというより、津波浸水域をはずした結果として現在の場所に街道が整備されたということで、後世に津波の危険を伝えるとい

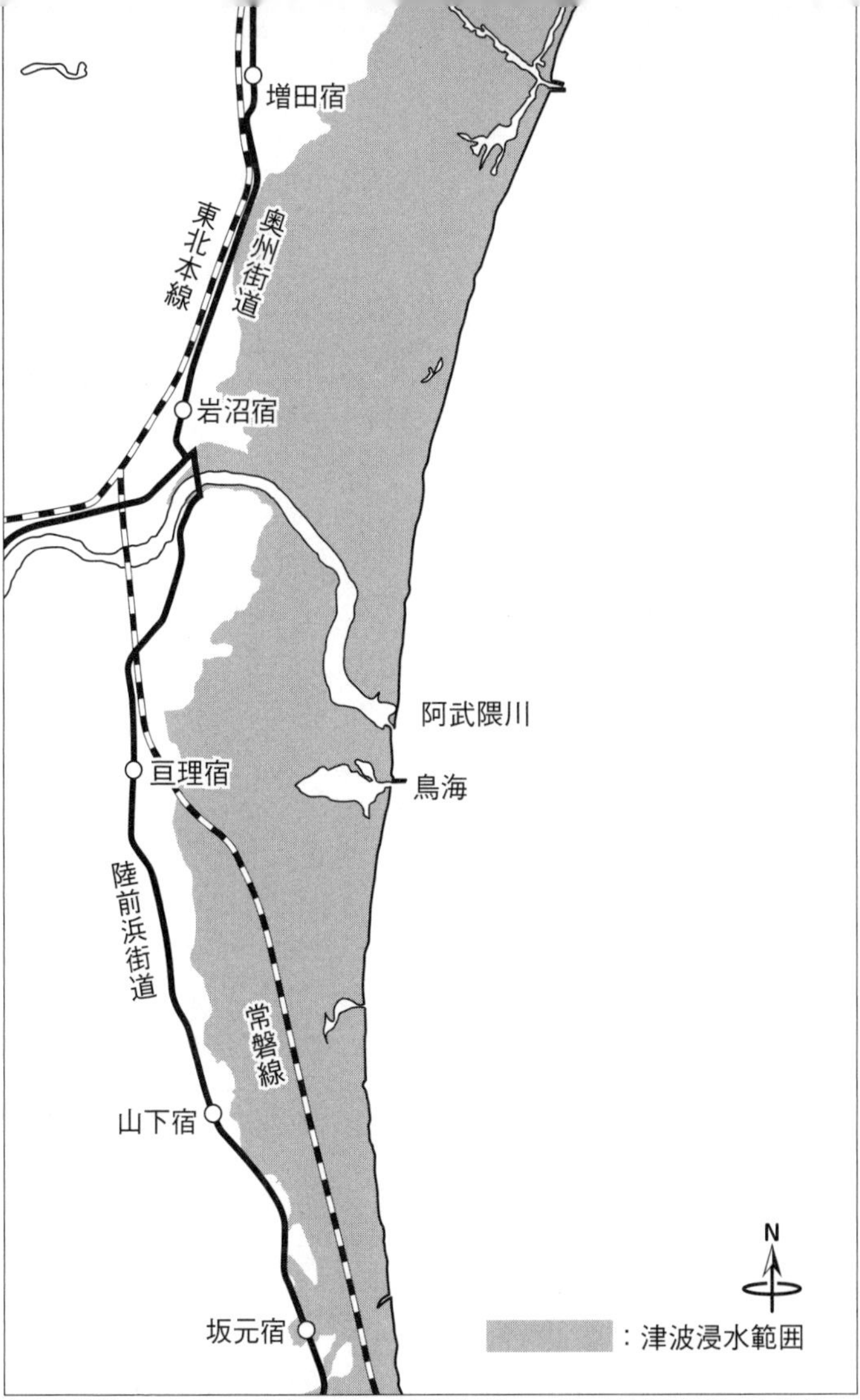

ほとんど浸水のなかった街道（平成23年国土地理院10万分1浸水範囲概況図より作成）
図のとおり、東日本大震災では街道より内陸にはほとんど浸水していない。街道を整備した際、慶長三陸地震の津波の浸水域を避けたことがうかがえる。

う意図が介在するわけではないだろう。

いっぽう、過去に被災を受けた先人たちが意識的に私たちに残してくれたメッセージもある。それは地名だ。

地名はその場所を伝える必要があるからこそつけられたものであり、命名には必ず何かの意図が存在する。一般的には地形などのその土地の特徴を表し、過去に自然災害を受けた場所では、そのことを示唆するような地名がつけられているケースも多い。実際に東日本大震災の被災地でも、過去に同じような災害が起こっていたことを伝える地名が多数あった。「想定外」に騙されてはいけない。被災は必然ともいえるものだったのだ。

＊1　869年東北地方太平洋沖で発生した巨大地震。地震による津波の被害が甚大であった。日本三代実録にこの地震に関する記述が記されている。
＊2　1611年東北地方太平洋沖で発生した地震。地震による被害よりも、その後に襲った津波による被害が大きかった。

地名は教えてくれていた

津波の被災地域が「地名」として残されている例はいくつもある。釜石や塩竈（シオガマ）に見られる「カマ」は古語の「噛マ」に通じ、津波により湾曲型に浸食された地形を意味する。

岩手県山田町に船越という場所がある。太平洋に突き出した船越半島の付け根にあたる部分で、ちょうどここだけが海と海にはさまれる形で陸部が狭くなっている。こうした地形では津波が陸を挟んで両側の海から襲うことになるので、どうしても被害が大きくなる。じつは「船越（舟越）」という地名はこうした地形の場所につけられていることがほとんどである。多くの場合、津波によって船が陸部を越えて反対側へ運ばれたことに由来する。

こうした津波地名の中でもとくに注目したいのは、三陸に比べて津波の頻度が比較的低かったはずの仙台平野以南に残るケースだ。誰もが忘れていた津波の危険を地名が警告していたことになるからだ。

たとえば、仙台市の若林区に「浪分（ナミワケ）神社」がある。この神社は1702年に建てられているが、名称はこの周辺で津波が二手に分かれて引いていったことに由来すると伝えられており、慶長三陸地震津波の教訓を残したものと考えていい。

一部の研究者は震災以前からこのことを指摘していたが、神社は海岸から5キロメートル以上離れており、まさかここまで来ないだろうと真に受ける人はほとんどいなかった。

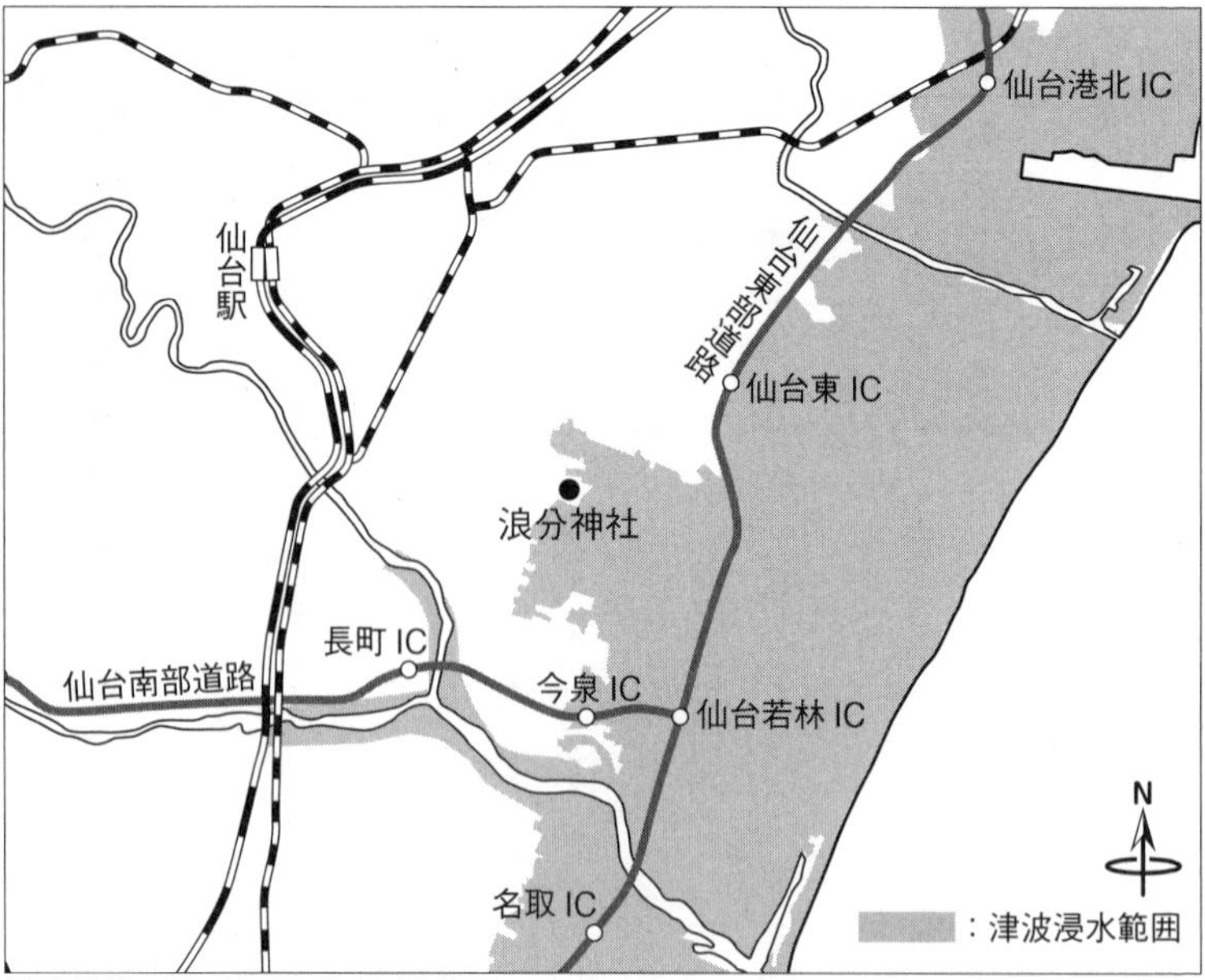

浪分神社の周辺地図と津波到達範囲（平成 23 年国土地理院 10 万分 1 浸水範囲概況図より作成）
浸水範囲を見ると仙台東部道路が一部防波堤になっていたのがわかる。

東日本大震災の津波は神社の手前まで到達しており、仙台東部道路が防波堤にならなければ神社も被災しただろうといわれている。仙台東部道路の手前は津波で大きな被害を受けており、先人からの伝承が活かされることがなかったのは残念なことである。

宮城県の七ヶ浜町菖蒲《しょうぶ》田《た》浜《はま》に「招又（マネギマタ）」という高台がある。この地名も慶長三陸地震にまつわるもので、先に避難した人たちが「こっちさ来い」と手招きしたことが由来とされ、かつてこの地が津波に洗われた歴史が地名に残されている。

石巻市の「渡波（ワタノハ）」地

区は海に面して何度も荒波が打ち寄せていた場所という意味がある。津波の常襲地であることからついた地名であるはずだが、多くの人がそのことを忘れてしまっていた。

また、女川や小名浜など、東北地方に多く見られる「オナ」がつく地名はもともと荒々しい波を意味する「男浪（オナ）」が由来であり、過去に津波の被害を受けていることを示唆している。女川・小名浜の他にも女遊戸（宮古市）、女遊部（釜石市・読みはいずれも「オナッペ」）、女場（相馬市・「オナバ」）など、今回の津波の被災地にこの地名が多いことは決して偶然ではないだろう。

名取市も大きな被害を受けたが、「名取」は古語の「土地」を意味する「ナ」を「取る」、つまり洪水や津波などによる土地がはぎ取られたことを示す地名だ。その名取市に閖上（ユリアゲ）という地区がある。ここも津波で集落が壊滅状態になった場所だが、貞観地震の際にも大津波に襲われている。地名の由来はこの地に十一面観音が「ゆりあがった」ことによるもので津波地名の一つと考えられる。ちなみに「閖」の字には「水波激蕩《すいはげきとう》」の意があり、沸き立つような大波が連想される地名でもある。

深刻な事故を引き起こした福島第一原発が立地するのは福島県双葉郡。双葉とは1896年まで標葉（シメハ）郡と楢葉（ナラハ）郡だったものが合併してできた地名である。標葉の「シメ」はバリヤの意味があり、かつて津波に襲われた土地を再び災害を受ける恐れがあることから線引きしたことに由来する。合併により古い地名が消されてしまったことも大きな問題であるが、地名というメッセージに込められた警告を無視して原発が建設された結果はご存じのとおりである。

双葉郡の北側に位置する浪江町も、「浪」はもちろんのこと、「江」は海が陸地に入り込んだ地形を表すことからもわかるように、津波をメッセージした地名である。町の中心街はやや内陸の街道沿いであり、標高10メートル以上あることから見逃されがちだが、「牛渡（ウシワタ）」「樋渡（ヒワタ）」など渡渉《としょう》地点を意味する地名もある。実際東日本大震災の津波で大きな被害を受けた。

福島第二原発の立地する楢葉町の波倉（ナミクラ）という地名も波によってえぐられた場所を意味する津波地名であり、原発を建設するにはリスクが高い土地といえる。実際に東日本大震災でも集落を呑みこむ形で津波が遡上《そじょう》している。

百人一首に、「契りきな　かたみに袖をしぼりつつ　末の松山浪こさじとは」という清原元輔の歌がある。この歌意は、約束を交わした二人の仲が「末の松山を波が越さない」ごとく永遠であるとするものだが、明治期の歴史地理学者である吉田東伍は、この歌に歌われている「末の松山」の舞台を宮城県多賀城市と特定し、貞観地震による津波が押し寄せながらも浸水しなかったことを題材としたものであると解いた。今回の津波も末の松山の手前まで達している。

このように先人たちは地名という形で津波の危険を私たちに伝えていた。にもかかわらずそれを活かせないばかりか、「想定外」と逃げてしまうなど言語道断ではないか。

地名の声を聞け

日本列島は地震や津波ばかりでなく、豪雨による氾濫《はんらん》、土砂崩れや地すべり、そして火山活動に伴うものなど、さまざまな災害に見舞われる運命にある土地だ。低地に住めば洪水や津波、山間地に住めば土砂災害、そして日本中に分布する活火山や活断層など、プレート境界が交錯するこの国で暮らすことは、常に自然災害と背中合わせにある宿命を負うことでもある。

しかしそのいっぽうで、自然は私たちに多くの恵みをもたらしてくれる。河川の氾濫は肥沃な土地をつくり、高い農業生産力の礎となる。火山は風光明媚な景観や温泉という恵みをもたらしてくれる。地すべりは険しい山間地に人が生活を営める貴重な緩傾斜地をつくる。そして日本を取り囲む海は津波のリスクがありながらも、豊かな漁場を提供してくれている。自然の恵みとリスクは背中合わせなのである。

次のページの図は世界の中でとくに人口密度の高い地域を表した図である。人口密度が1平方キロメートルあたり500人を越える場所では、ガンジス川と黄河の流域が目立つが、これらの地域は大量の土砂を運ぶ河川がつくる平野であり、土地が肥沃で人口支持力が大きいのだ。そしてこの土砂を供給しているのはヒマラヤ山脈など、インドプレートとユーラシアプレートが衝突する地域である。同じく人口密度が高いナイル川下流域もプ

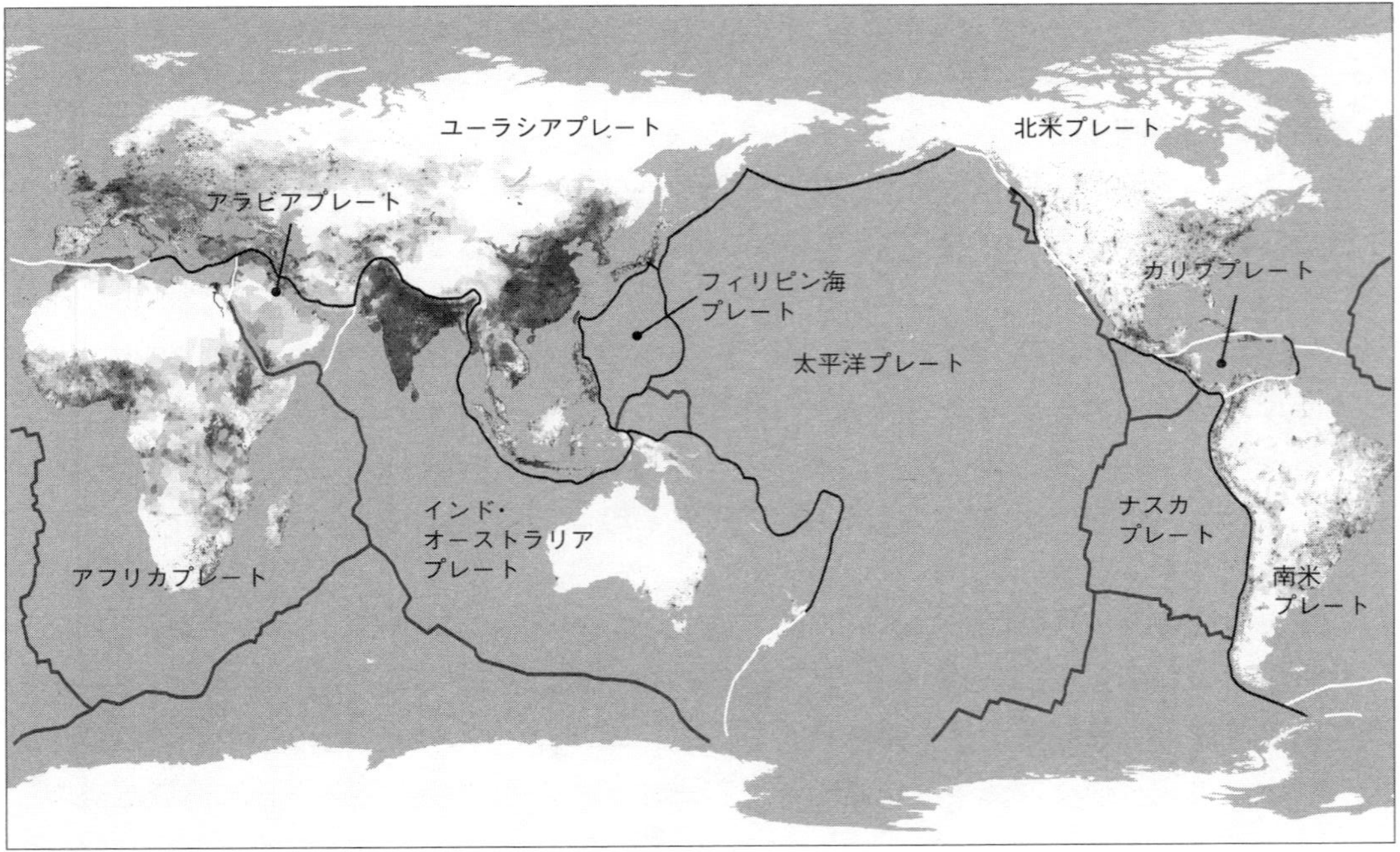

プレートと世界の人口密度の高い地域（NASA Population Density（人口密度）http://neo.sci.gsfc.nasa.gov/Search.html より）
人口密度が高いところほど濃い色である。プレート境界は災害が起こりやすいところだが、同時に豊かな自然環境をつくるため、プレート境界沿いは人口密度が高くなっている。

レート境界であるアフリカの大地溝帯（＊3）から土砂を供給される地域。また、インドネシアのジャワ島は火山灰がもたらす肥沃な土壌が人口を支えている。日本列島もそうであるように、災害リスクが高い地域ほど、じつは人々が暮らしやすい環境が提供されていることがわかる。

そもそも地震も津波も豪雨による氾濫も火山の噴火も、すべてごく普通の地球の営みである。それが災害になってしまうのは、そこに人が住んでいるからであって、「災害」という言葉自体が人間の主観によって生み出されたものなのである。45億年の地球の歴史に比べれば、人類登場はほんの最近のことになる。「未曾有」の災害も人類にとって未曾有というだけで、地球にとってはごく普通の営みと考えるべきだ。

人間は災害リスクと引き換えに、豊かな自然の恵みを享受している。だからこそ私たちはいたずらに災害を恐れるのでなく、自然と上手に付き合っていかなければならない。私たちの先祖は過去の災害を地名というメッセージで残してくれている。そのメッセージを受け止めることが、最悪の事態を回避するための大切な一歩になる。まずは地名の声を聞こうじゃないか。

＊3　アフリカ大陸を縦断する（エチオピアからタンザニアまで）巨大な谷。総延長は7000キロにのぼる。約1000万年〜500万年前から形成が始まったと考えられる。グレート・リフト・リバーともいう。

第1章

地名は土地の様《さま》を表す

「ぞうさん公園」の謎

地名とは場所を表す固有の名称である。

人々は太古から、何らかの方法で場所を他人に伝えることが暮らしていく上で不可欠だった。たとえば狩りや採集で暮らしていた時代であれば、獲物を捕らえやすい場所や、魚の取れる川、実のなる樹木がある森などを仲間に伝えるためには、その場所を特定する何らかの呼び名が必要だ。固有名として地名という概念が発生したことは自然な流れだった。

では当初人々はどのようにして地名をつけたのだろう。

もし普段当たり前のように使っている現在の地名がなかったものとして、特定の場所を他人に伝えなければならない場合、皆さんであればどのような方法をとるだろう。

一つにはその場所までの道順を示す方法がある。「この道をまっすぐ進んで、三番目の十字路を右に曲がって、さらに二番目のT字路を左に曲がった一五〇メートル先」といった具合である。これはいかにも複雑であるし、しかも道路や交差点がある現在だからできること。それすらもなかったらどうだろう。

真っ先に考えるのは、その場所の特徴をそのまま伝えることではないか。もしその場所に松の木が一本立っていれば「一本松」で共通認識できそうだ。山々の中に木の生えていない山があれば「はげ山」でわかる、もっと大まかな方向を示すなら川の上流・下流で区別できる。たとえば「川上のはげ山の麓の一本松」という具合である。これでアバウトではあっても、その場所をある程度特定することが可能になる。特定の精度を上げていこうとすれば、さらに細かい特徴を見つけて相手に伝えればいい。

我が家の近所に小さな公園がある。市の資料によると、この公園は「清水が丘公園」という名称をもつ都市公園となっている。しかし、じつはこの名前は地域の人にはまったく知られていない（実際に公園名を表記した看板すらない）。この公園は子どもたちの間では「ぞうさん公園」と呼ばれている。公園にゾウの形の遊具があったことに由来する。最初は誰か一人がそう呼んだのだろうが、それが子どもたちの間で広まり、いつしか子どもたちのお父さんやお母さんまでが「ぞうさん公園」と呼び始めた。

今この公園にはもうゾウの遊具はない。しかし依然として「ぞうさん公園」という名前だけは残っている。「清水が丘公園」という正式名称は誰も知らないのに、「ぞうさん公園」という愛称は自然に広まって、いつのまにか定着していったのだ。

結局のところ、事務的につけられた名前よりも、自然に発生して伝承された呼び名の方が人には馴染みやすいのかも知れない。子どもたちはこの傾向がとくに顕著で、我が家の近所にはもう一カ所同じような経緯を持つ「ゴリラの公園」というのがあるが、その正式名称である「是政公園」という呼び方は、やはり地域ではほとんど認識されていない。

太古の時代には、地名も恐らくは同じようにして人々の間で発生し、広まり、伝承されてきたはずだ。その場所を特定するための地域的・場所的特徴や、何らかのランドマークから呼び名が自然発生的に起こり、仲間同士で共有するようになって、それがやがて「地名」として広く認知されてきたのである。

ランドマークといっても、現在のようにコンビニや郵便局があるわけではないので、自然界に存在する特徴的な何かを地名として共有することになる。

一つは岩や植物などの目印となる物体を地名とする方法だ。たとえば周囲から目立つ特徴的な岩に、その形状から「仏岩」「屏風岩」と名づけたり、「夜泣石」「出世岩」など形状でなく地域に伝わる言い伝えに基づいた呼び方がされたりするケースだ。植物でいえば「一本杉」「三本松」など、その場所の様態を表す例が多く見られる。

地形的特徴を地名とするパターンも多く見られる。鋭く尖った山に「槍ヶ岳」や「剣岳」、川が合流するから「落合」「川又」、池の周辺部であれば「池上」「池端」「池尻」など、多くの人が理解・共有しやすい特徴がそのまま地名になる。

さらにその場所で発生する事象が地名になるケースもある。その場所で動物が現れたことを示す「鹿追」や「魚津」、気象的な現象に由来する「雨降山」(多くの場合雨乞いにちなむ)や「大雪山」などが該当する。

そしてこうした地形やその場所で発生する事象を地名とする場合、仲間に危険を知らせるメッセージを持つ場合がある。崩れやすい崖や、地すべりを起こす斜面、大雨で水が溢れて水没した場所や津波で浸水する場所などである。こうした危険が潜む場所については、何らかの形で地名として残されているケースが多い。これがいわゆる災害地名である。

災害地名は地名命名者が共同生活を送る仲間や自分たちの子孫に向けて、その場所が持つ危険性を一つのメッセージとして託したもので、その地名は時代を経て伝承され続けてきた。しかしいつしか人々はそのメッセージを読み取ることをしなくなり、利便性や経済性を求めて危険な場所にも住居を構えるようになった。その要因の一つとして、後世になって、先人のメッセージが託された災害地名を廃止して別の地名をつけたり、関係のない漢字をあてたりすることで地名を上書きしてしまったことが挙げられる。災害を目の当たりにした今だからこそ、「地名」という先人たちのメッセージに耳を傾けてみてはどうだろう。

住所と地名は何が違う?

現在みなさんが住んでいる場所にも、もちろん何らかの地名がついているはずだ。それは現代においては「住所」と言い換えることができる。住所があることで、その人がどこに住んでいるのかを把握できるので、郵便も届くし行政サービスも受けられる。

地名は本来その場所を特定するための固有名詞であり、太古においては自然発生的に地名がつけられて伝承されていったが、こうした地名の命名法は極めて主観的であるため、時に食い違いを生むことがある。

たとえばA村に住む人が村の南側の平地を「南野」と呼んだとする。いっぽう、この平地の南側に位置するB村に住む人たちにとっては「北野」であったりする。そうなった場合、「南野」も「北野」も、自分たちのコミュニティの中では地名として共有できても、A村の人とB村の人がコミュニケーションする際には共通の固有地名にはなり得ない。昨今問題となっている日本と韓国との間の「日本海」「東海」の呼称問題も本質的には一緒だ。

人々が暮らすコミュニティが大きくなければ、それまでのように地名が自然につけられ、広がっていくことでとくに問題はなかっただろう。しかし周辺地域との交流が進み、社会が大きくなってくると、地名を共有するために何らかの形でルールを設ける必要が生じてくる。

4世紀中頃に大和朝廷が成立して広域支配が始まり、大化の改新を経て律令制国家が成立すると、地名の持つ意味も大きく変わっていった。

律令制では土地も人も支配者(朝廷)に帰属する中央集権体制になるため、支配者には土地を管理する必要が生じる。そこで「管理のための」地名が生まれることになる。こうした地名は現代の行政地名に通じるもので、元来ローカルな性格が強い自然発生的な伝承地名に比べると、ある程度大局的な規則性をもって整理されている。

大宝元年(701年)に制定された大宝律令では、全国が国・郡・里という行政区分により区画された。その際に郡や里にとして採用された地名の多くは、豪族の名前や朝廷の職制から採用されることが多かった。「物部《もののべ》」「大伴《おおとも》」「蘇我《そが》」「土師《はじ》」「秦《はた》」などがそれにあたる。さらに条里制と呼ばれる土地区画が行われるようになると、それにしたがって整理された地名が見られるようになる。「○条(條)」「○里」「○坪」などである。また、荘園制度の伴う地名も「○○荘」などが現在でも多く残っているが、このような墾田関連の地名も管理のためにつけられたものと考えていい。

このような地名管理の傾向は、中世から近世にかけてはさらに顕著になる。たとえば、職業を冠した地名が全国にある。「大工町」「呉服町」「鍛冶町」「材木町」「肴町」「八百屋町」などがそれにあたるが、こうした地名は城下町に多く見られ、戦国時代から江戸期に城下町を整備する際に、職人をあちこちから呼び寄せて、同じ職業の人たちを集住させたことに由来する。後に集住は解消されたが、そのころの地名が現在に至っても残っているのは面白い。日本橋など東京の下町はこうした職業地名の宝庫になっている。

集住は城下に住む者を管理するための仕組みの一つだった。これとよく似たケースとしては、今も全国に広く残っているお寺の檀家制度がある。これは江戸幕府がキリスト教を禁じた際に、宗教統制の一環として生まれたものだ。いわば檀家として縛ることで、住人の監視・管理の役割を果たそうというものだった。檀家制度は都市部では形骸化しつつあるが、年忌法要や墓の管理など、全国的に見ればまだまだ共同体を形成する役割を果たしている。

このような管理のための地名は、伝承地名のように「暮らしの中から生じた」ものと異なり、「社会的必要性の中から生じた」ものであるといえる。役割が違うことはもちろん、命

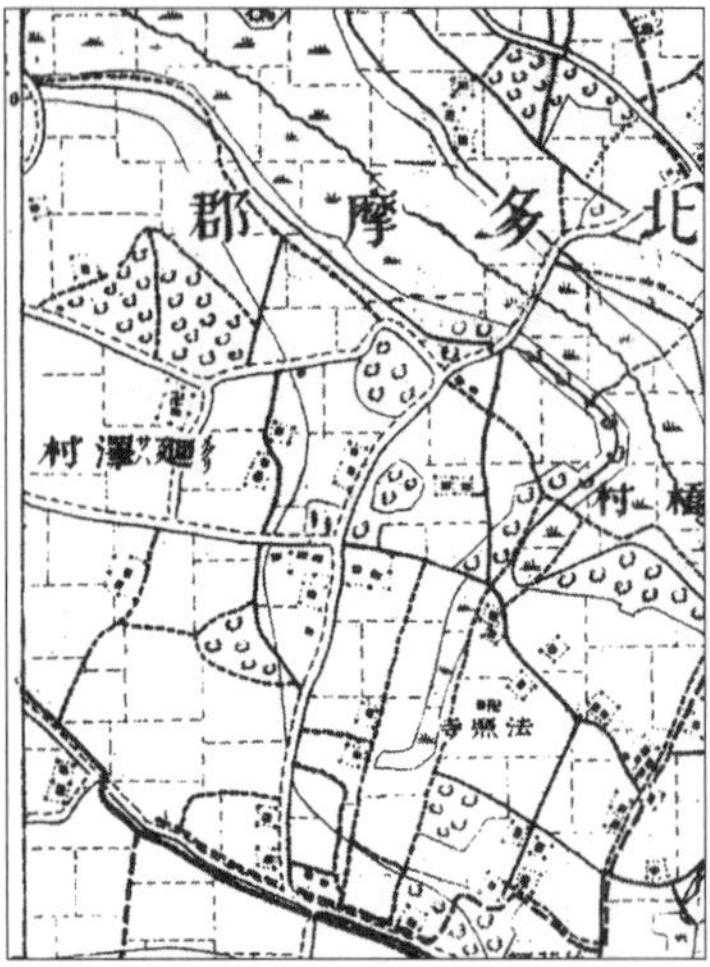

（明治３０年陸地測量部発行　２万分の１迅速測図「内藤新宿」より）

かつての村名である小字名がバス停として残るケース「廻沢」（世田谷区千歳台）

名の際の視点も大きく異なるため、地名の持つ意味そのものも変わってくる。現在私たちが使用している「住所」という制度で使用されているのは管理のための行政地名であり、その根本には後者の考え方がある。

　行政地名は結果的に、もともとそこに存在した伝承地名を上書きする形で使用されたため、先人たちが伝承地名に託したメッセージを覆い隠してしまった。これは災害地名を見つけて、そのメッセージを防災に活かすという観点からは非常に残念なことである。そしてこうした地名の上書きは、現代においてはじつは意図的に行われているケースが多い。

　たとえば、その土地のリスクに関するメッセージは、その土地に住む人たちにとっては危険を事前に知る上での重要な情報になる。しかし、その土地に移り住もうとしている人たちにとってみれば、「そんな危険な土地には住みたくない」と考えるマイナス材料になってしまう。つまり、そういう地名の土地は売れないのである。ところが、住宅を売る立場にいれば、何とか売りたいと考えるのが自然なことだ。このため、大規模な住宅地開発の際などには、地名そのものを丸ごと変えてしまうこともある。これが「イメージ地名」と呼ばれるものだ。

もっとも、行政地名にもかつての伝承地名がそのまま残っているケースも少なくないし、地名が上書きされてしまった土地でも、小字《こあざ》名や地区名、公民館や学校の名前、さらにはバス停名称などでかつての伝承地名を見つけることができる。探せば先人からのメッセージはまだまだ生きている。

嘘だらけの地名由来

ところで、一般に知られている地名の由来にはじつは嘘も多い。全国には面白おかしい地名由来がたくさんあり、とくに観光地などではその傾向が強い。しかしこれらが必ずしも言語学的に正しく説明されているわけではない。それにも関わらず、誤った説が流布されてしまうことが多いのが現状である。

こうした間違いの多くは地名の字面をそのまま受け止めたり、語呂合わせや通俗的な思い込みにとらわれたりすることにより起こる。伝説や民話が絡むケースなどはとくに顕著で、観光地などでは、「かつて源頼朝がここで○○をしたことに由来する地名」「弘法大師が諸国行脚の際にここで○○を唱えたことからつけられた地名」など、観光振興に都合がいいように誤訳されていることが珍しくない。一般論で考えても、「誰々がこの場所で○○した」というような「行動」で地名が命名されることがあるだろうか。このような由来は疑ってかかるべきだろう。誤った語源がマスコミやガイドブックを通じて広がり、いつしか定説となってしまう。「バスガイド地名学」などともいわれるこの手の地名解釈は、その地名が持つ本来のメッセージを打ち消してしまう。

ではどうしてこのようなことが起こるのか。最も大きいのは「字面の罠」だろう。古くから口承された地名は、そもそも文字を持たない。なぜなら地名は大陸から漢字が伝わる以前から存在し、文字が使われるようになった以降も貴族を除けば識字率は低く、地名が口承されることはいわば当然のなりゆきだった。

しかし口承されてきた地名も、後にどこかで漢字がふられることになる。そこで命名者の意図と異なる漢字があてられることも多い。とくに平安時代に延期式といわれる格式（律令の施行細則）が導入された際に、「凡諸国部内郡里等名　並用二字　必取嘉名」という決まり事がなされ、これに基づいて、全国の地名が変更されている。この際に地名にさまざまな当て字が使用されるようになったのだ。延喜式では、それまでバラバラだった地名を、中国風の漢字二字の好字に改訂し、固定化させようとしたもので、中央政権化によるの地方支配の徹底という狙いのもとに実施された。ここで日本の伝承地名は大幅に修正されてしまうのだ。

つまり、古い口承地名の意味を考える際には「あてられている漢字でなく『音』を信じろ」ということになる。音を聞き、古語で解釈するのである。災害地名の多くがこのように判断されるのは、古くから伝承されてきた地名こそ土地のなりを的確に表現しているからである。

いっぽう、こうした流れとは別に、律令国家の成立以降は、中央集権化に伴う管理地名が命名されるようになる。先にも触れたが、条里制や荘園制度に伴う地名、中世の武家社会に基づいた地名などがそれである。城下町が発達すると、領主である大名は城下における領民の管理のための町割りを行い、地名を整理した。「大工町」「呉服町」「鍛治町」などの職人町や、「寺町」「番町」「上屋敷町」「下屋敷町」「鉄砲町」など、画一的な城下町地名がつけられた他、「大手町(追手町)」「丸の内」「二の丸」など城下町の名残を残す地名は現在も全国に残っている。こうした「機能地名」とでもいうべき事例は城下町ばかりでなく、「○○宿」といった宿場町地名や「○○市」といった市場地名なども含めていい。その時の権力者(行政)が明確な意図を持って地名を命名することが本格化するようになったのがこのころである。

農村部においては、平安時代からの荘園制が徐々に変化し、室町時代になると惣村《そうそん》と呼ばれる地縁的組織を形成するようになり、いわゆる「村」がおこる。当時の村は生活のための共同体としての役割から生じたもので、現在よりも小さな単位で、江戸時代には全国に6万の村があったとされる。これが1889年の市制・町村制の実施以降統合されていったことで、それまでの村は「字《あざ》」に形を変える。うち旧村の単位を継承したのが「大字《おおあざ》」であり、大字の中のさらに小さな生活単位として「小字《こあざ》」が残った。そこには古くからの口承地名が数多く残っている。

さらに1962年に住居表示に関する法律が制定されると、地名の定義そのものが大きく変わることになる。それまで特定の場所や狭い範囲を示していたはずの地名の役割が、「面的なエリアを総称する」ものになっていくのだ。都市部では「町名＋街区符号＋住居番号」という形で住所が整理され、非常にわかりやすくなった半面、「小字」が無用のものとなってしまったため、地名が本来持っていたメッセージはますます薄れることになった。

このように、当初純粋に「土地の様態」を表していたはずの地名は、歴史の中のさまざまな事情で形を変えてきてしまった。しかし、先人からのメッセージは隠されているだけで、読み解こうとすればまだまだ読みとることは可能だ。

現在の地図と古い地図を見比べると、こうした地名の変遷をある程度追いかけることができる。また、その場所の地形や過去の災害履歴と照らし合わせると、地名が持つ本来の意味がきちんと実証される。災害地名が命名された目的は、その場所が持つ災害の危険を伝えることにある。時代が進み、かつての水田地帯に家が建ち、湿地にビルが建ってしまえば、見た目には昔の面影はない。しかし、土地の性質はそう簡単に変わらない。一度災害に見舞われた場所は、同じような被害に遭うリスクを潜在的に持っている。地名を読み解くことで、被害を軽減することができれば、地名を残してくれた先人たちも報われることになるだろう。

行政地名にも手掛かりあり

また管理のためにつけられた行政地名の中にも、災害のリスクを教えてくれるものはたくさんある。とくに、古くは人が住んでいなかったような場所については、その典型的な例が「○○新田」などの開拓地特有の地名だ。

戦国時代から江戸時代にかけて、城下町などの整備で都市部では急速に人口が増加した。これに伴い食料が不足することになり、とくにコメの増産は急務となった。こうして江戸時代に入ると、幕府や各藩はこぞって新田開発に手をつけることになる。

新田開発は水利を考慮しなければならないため、それまで人が住むには適していなかった湖沼や干潟を埋め立てたり干拓したりする形で行われた。旧河道や後背湿地《こうはいしっち》など河川の氾濫がつくりあげた土地もこぞって新田開発された。こうした場所は人が住むには不向きでも、水田には適しており、洪水の際には遊水地（洪水時に下流の被害を軽減するため一時的に流水を氾濫させる土地）としての役割も果たすことになる。

しかし近代になるとさらに都市化が進み、人口増加に伴う住宅地の不足から、新田開発された場所にも家が建ち、多くの人が住むようになってしまった。元来水害リスクが大きく人が住むには適していない土地が宅地化され、その土地のことを知らない新しい居住者が移り住んだことで、その場所における災害時の人的・物的リスクが新たに生じることになった。また、いざという時の遊水地としての機能も失うことになったため、堤防などのインフラが整備された現在でも、万が一破堤《はてい》(堤防の決壊)や越水《えっすい》(大雨・台風等の影響で河川の堤防やダム等から水が溢れること)があった場合の被害は以前よりかえって大きくなる可能性がある。一般的に「○○新田」などの新田地名は、こうした場所につけられていることを覚えておきたい。

そもそも土地利用という側面を考えれば、水田として使える土地は水利のいい場所であり、それは河川が氾濫した際に真っ先に水につかる場所でもある。だから昔からの農家の人々は、こうした場所を水田として利用し、自分たちは自然堤防上など微高地に居住した。「人の領域」と「稲の領域」を分けて考えていたのである。明治期に作成された迅速測図や、高度成長期以前の旧版地図など古い地図を見て、集落がある場所や、集落を繋ぐ街道が走る場所などは自然堤防、その周りの水田記号が広がっているような場所は後背湿地や旧河道と考えていいだろう。同じ場所を現在の地形図で見てみると、住宅地として区画整理されているケースが多い。つまり、現在では微高地以外の「稲の領域」に人が住んでしまっているのだ。

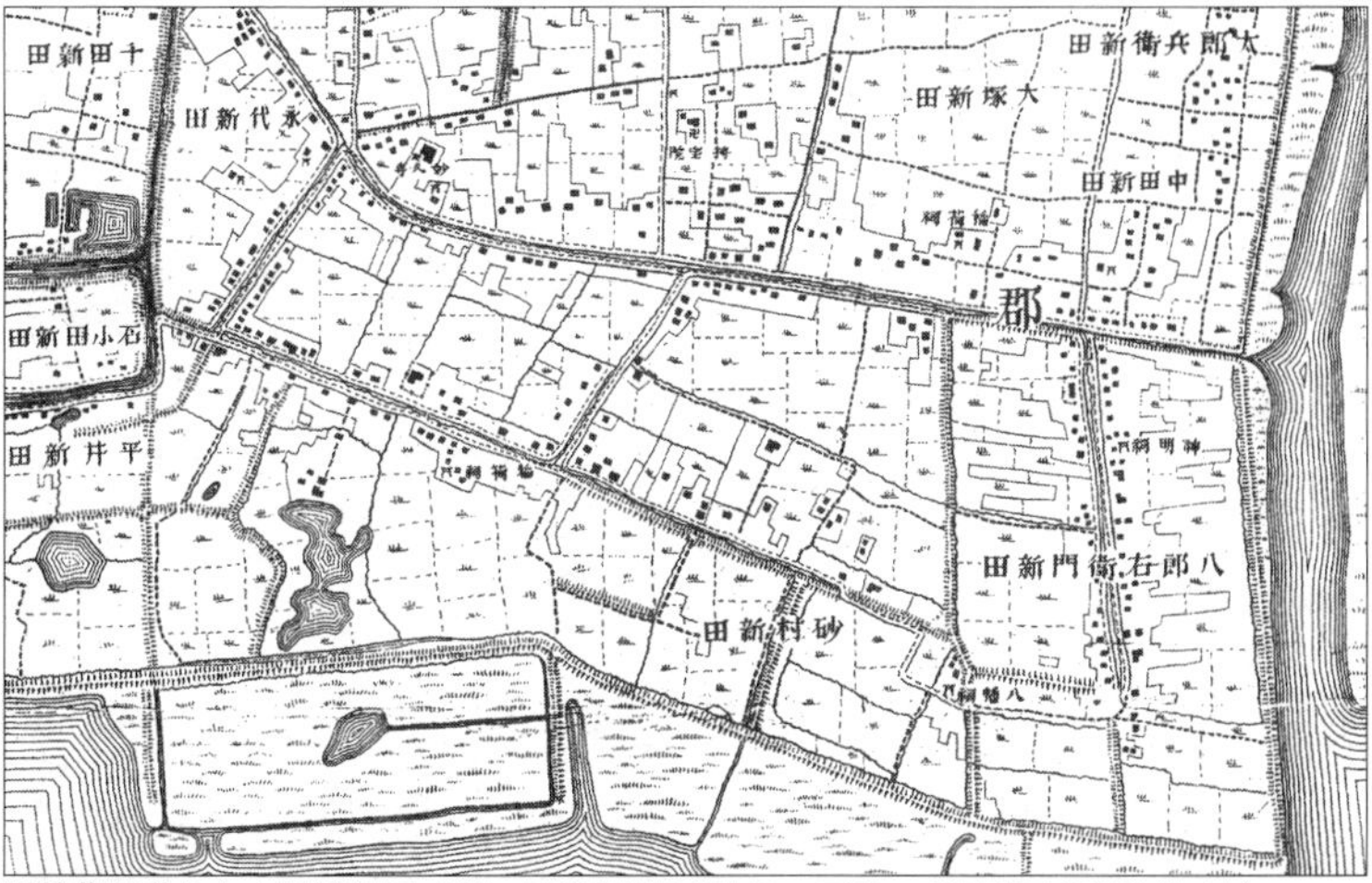

明治期に作られた迅速測図（明治29年陸地測量部発行　2万分の1迅速測図「逆井村」より）

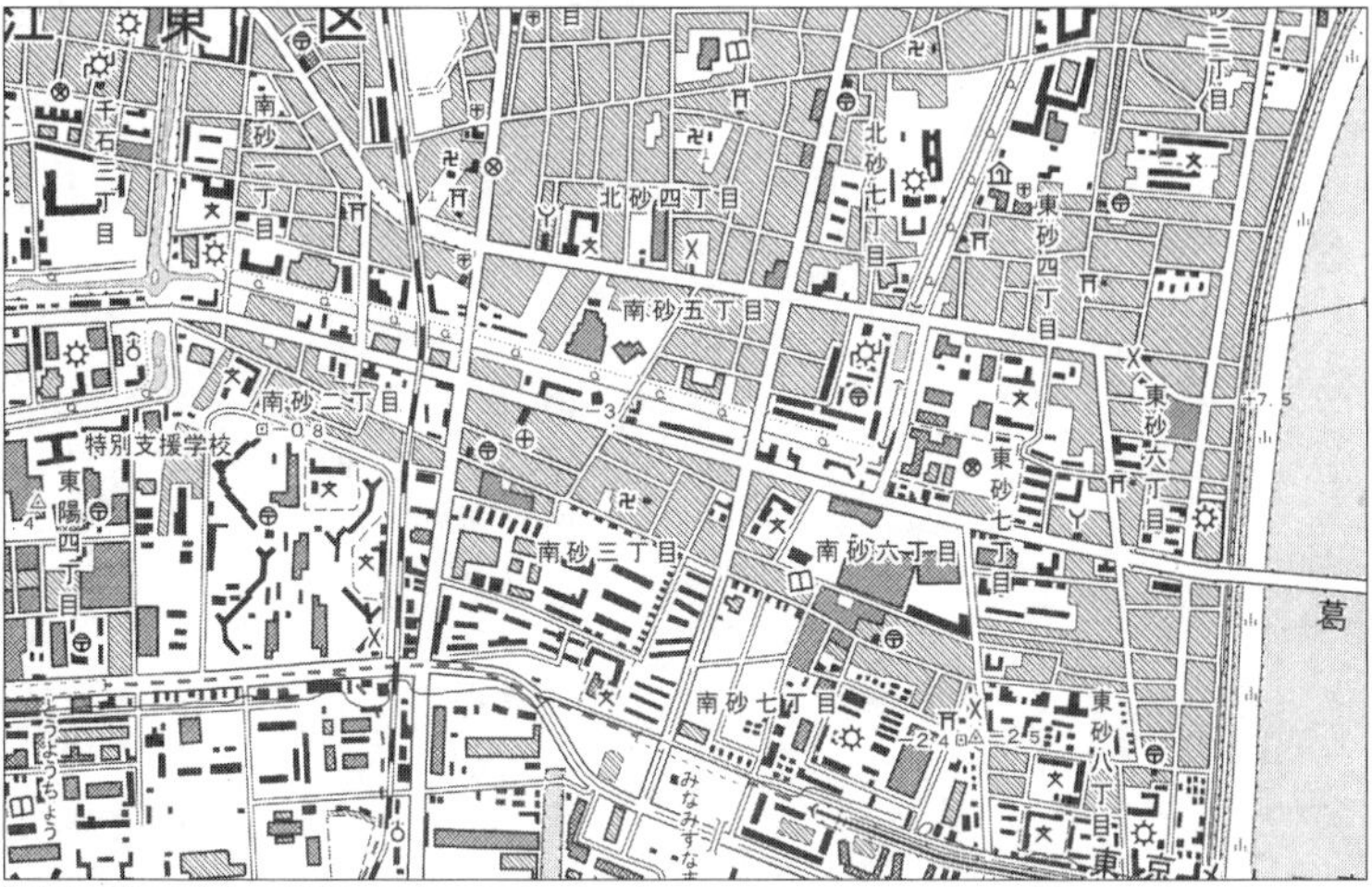

同じ場所の現在の地図（平成21年国土地理院発行　2万5千分の1地形図「東京首部」より）

明治期からの道が現在までに残っているのがわかる（図上部）。また現在の東陽町駅付近までは明治には海であったことが見て取れる（図左下）。

雨の多い日本では全国で稲作が行われており、それを象徴するように「田」のつく地名があちこちにある。こうした水田地名の多くは氾濫原に位置しており、古くからある集落以外は洪水時の氾濫リスクが高い（自然堤防上であっても大洪水になれば浸水するが、後背湿地や旧河道に比べれば頻度は低い）。

水田地名以外でも、もともと人が住んでいなかったような土地では、地形や自然環境の特徴をそのままあてはめたような行政地名が見られる。

「沼」（例：沼袋、見沼）「池」（例：池尻、池之端）「潟」（例：新潟）「洲・州」（例：鮫洲、中州）「泥」（例：泥亀）「川・河」（例：川口、川島）などは文字どおり低湿地を表し、大雨で浸水しやすいばかりでなく、地盤が緩いので地震の際の揺れも増幅されるような土地である場合が多い。こうした土地は埋土されているケースも多く、液状化のリスクも高いので注意が必要だ。

「谷」「沢」「窪・久保」などは文字どおりの谷地形を表す地名だ。周囲より低い土地なので豪雨時には水が集中する地形である。ゲリラ豪雨の時など、渋谷のハチ公前が水浸しになる場面をニュース映像で目にしたことがある方は多いと思うが、ビルが林立して地形が認識しにくくなっている都市部でも、地名がそのリスクを語っていることを気付かされる。山間部の場合、谷地名や沢地名は鉄砲水や土石流の可能性を含んでいるので注意が必要だ。

「落合」「出合」などの「合」、あるいは「川又」「二俣」などの「又・俣」は谷や河川の合流部を示す出合地名で、洪水時には増水したそれぞれの川の集水点となるため、水害となるリスクが高い。東京都新宿区の落合は神田川と妙正寺川の合流部にあたり、武蔵野台地にありながらも、以前から豪雨による氾濫が絶えなかった。現在では河川を切り回して合流部が下流に移されており、かつてのような水害に見舞われることは少なくなったが、地形的には水が集まりやすい潜在的な性質を抱えている。また、出合地名は山間地においては氾濫ばかりでなく土石流のリスクもあり、とくに谷口付近は注意が必要だ。いわゆる扇状地などは、上流から流されてきた土砂が山間地から平地へ出る谷口付近で、傾斜が緩くなったために運搬力を失って堆積した地形であり、上流から土砂が押し流されてくる性質を持っていることになる。

「池袋」や「沼袋」などの「袋」は、河川が大きく蛇行して広くなっている部分を表している。こうした袋地形は、堤防の整備以前は氾濫の際に水がたまる遊水地的な機能を持っていた場所であり、現在でも破堤や越水があれば浸水しやすい場所である。案外知られていないが「池袋」の地名の由来もこれであり、古くは江戸の町を洪水から守っていた遊水地だったのである。

「稲の領域」「人の領域」

ではこのような地名のメッセージはいったい何を意味しているのだろう。

人には生きていくための営みがある。遠い昔、我々の祖先は採集や狩猟を行い、自然環境に大きく依存した暮らしを営んでいた。水を求め、獲物を求めて住みやすい場所に住んだのである。やがて農耕が起こると、人々は耕作のしやすい場所を探した。人々は自然を上手に利用することでのみ生きていくことができた。本来、人は衣・食・住のすべてにおいて自然の恵みを享受しているのである。

日本人にとってコメは欠くことのできない主食である。食事が多様化した現代でもそうであるから、古い時代ではなおさらのこと。わずか200年前の江戸時代あたりでも飢饉で多くの人が死んでいた事実もそれを物語っているし、そもそも各藩の経済的価値を、米の標準的な収穫量である石高《こくだか》で表現していたことからも明らかだ。米作りは時代を問わず、重要な生活の要素であり、日本の歴史は米作りの歴史と置き換えても過言ではない。

人々はより効率的な生産のために、水田に適した土地を探した。時の政権はため池や排水路などの灌漑《かんがい》施設を整備することに尽力し、積極的な新田開発を行った。こうした場所の多くが川沿いの氾濫原と呼ばれる洪水がつくりあげた土地であった。

河川は上流から運んできた土砂を下流に堆積させることで肥沃《ひよく》な平野をつくりだす。これが氾濫原であり、文字どおり氾濫により形成される地形だ。現在でこそ河川は堤防により隔てられるが、本来河川は自由気ままに流れるものであり、ここからここまでが川、という区切りはなく、洪水の度に流路を変えるようなありさまだった。そして洪水により流れ出した土砂は一様に堆積する訳ではなく、ところどころに自然堤防と呼ばれる微高地を作り出し、その裏側に後背湿地という低湿地を生みだした。また、洪水で流路が変わった後に残された部分が三日月湖や旧河道と呼ばれる低湿地となる。

このように、元来河川沿いの氾濫原は低湿地が多く、水田として利用するには水利面で非常に都合がよかった。ただし洪水の際には浸水するため、人が住居を構えるには向いていない。そのため、人々は微高地である自然堤防の上に集落をつくり、「人の領域」と「稲の領域」で住み分けた。

現在では考えにくいが、江戸時代以前の関東平野は、歩くのも難儀するほどの湿地帯が広がるような環境だった。それを物語る事実が、房総半島にある「上総」と「下総」という旧国名である。国名に「上」「下」がつく場合、都に近い方が「上」となるのが普通だが、房総では半島の根元に近い部分が「下総」、奥の部分が「上総」と逆転している。これは房総へ入る際のルートが、低湿地である当時の利根川河口付近（現在の東京下町低地）経由でなく、海路であったことを示している。

それほど低湿地であるから、稲作には向いていても、人が居住するための集落をつくったり、街道を整備したりするにあたっては、自然堤防を利用する他なかった。自然堤防上を「人の領域」、後背湿地を「稲の領域」として住み分けたのは、ごく自然なことだったのである。その自然堤防でさえも、数年に一度の規模の大きい洪水になると浸水する。それでも後背湿地に比べると水はけが良く、浸水の程度も軽微だ。当時の人々はそのあたりのことを経験的に知っており、自然と上手く付き合ってきたのである。

ところが後世になり堤防が整備されると、河川は自由に流れることがなくなった。自然堤防ばかりでなく、本来稲の領域であった旧河道や後背湿地も、見た目から低湿地であることが判別しにくくなり、都市化の拡大に伴い住宅地として利用されるようになった。こうした場所に住むのは新しい住人であり、自然堤防上に住む古くからの住人と異なり、稲の領域であったというその土地の性質を知らないままに住むことになる。平時には問題なく暮らせたとしても、ひとたび水害に見舞われると、そこは真っ先に浸水する場所である。

「田」のつく地名の多くは、人々が稲作を営む上でさまざまな恵みが提供された場所である。古くからその地に住む人のように、稲の領域と人の領域とで住み分けることで自然と上手く付き合うことができるならいいが、その土地の性質も知らないままこうした場所に住むのは愚かなことである。それができないのならば「田」のつく場所に住んではいけない。

自然との上手な付き合い方が求められるのは平野部に限ったことではない。山間部では山間部なりの自然の恵みとリスクがある。

2004年に新潟中越地震で大きな被害を受けた新潟県の旧山古志村(現長岡市)。村中が地すべりに見舞われて、全村民が2年以上にわたり、隣接市町村への避難生活を強いられた。村は壊滅的な被害を受け、多くの犠牲を出したにも関わらず住民のほとんどが村へと戻っていった。それは地すべりと引き換えに、この地に多くの恵みがあることを知っていたからに他ならない。

山古志村を訪れると、美しい棚田が広がり、集落には立派な家屋が建ち並ぶ。この地はニシキゴイの養殖において、我が国を代表する特産地であり、住民の多くがその恩恵を受けている。棚田が形成しやすいのは、山間地においても緩傾斜地に恵まれ、地下水位が高いという条件があるからで、こうした条件を提供してくれるのが、他でもない地すべりなのである。

そもそも急峻《きゅうしゅん》な山間地では、人が住める環境はそれほど多くない。集落は谷沿いのやや広い部分(主として沢の合流部がこれにあたる)や、山腹に時折見られる平地や緩傾斜地に形成される。この山腹の平地・緩傾斜地は多くの場合、古い地すべりの痕跡である。こうした地すべり地形は、その地に地すべりのリスクがあることを示唆するが、同時に人が住みやすい環境も提供してくれている。前述の山古志村もその恩恵を受けて人々が暮らしており、村の人々もそれをわかっていたのである。ちなみに谷沿いの集落は交通の便もよく物資の集積などのメリットがあるが、鉄砲水や土石流のリスクを含んでいる。自然の恵みとリスクが背中合わせにあるのはここでも一緒だ。

東日本大震災で津波の被害に見舞われた三陸地方のリアス式海岸も同様だ。リアス式海岸は津波の高さを増幅させる地形として知られているが、そのいっぽうで天然の良港をもたらしてくれる恩恵も忘れてはいけない。八戸や石巻、気仙沼、女川、大船渡、宮古など、陸上交通の便がそれほど良くないにもかかわらず日本を代表する水揚げ量を誇る漁港が三陸地方に並んでいるのは決して偶然ではない。多くの漁民たちが、度重なる津波のリスクも知りつつ、この地で暮らしを営んで来たのは、自然の恵みを理解しているからに他ならない。

震災による津波で大きな犠牲を出したことを受けて、沿岸自治体では住民の高台移転を検討している。こうした高台移転が成功して後の津波被害を逃れた例は、紀伊半島や伊豆半島など多くある。高台移転が生命や財産を守る上で一定の効果を生み出すことは確かである。しかしそのいっぽうで、人は災害だけを考えながら日々を生きていくことなどできない。自然の恵みとリスクをきちんと把握した上で自然と付き合っていくことが大事なのである。高齢化が進む漁村において、災害弱者を守る仕組みとしての高台移転は必要だが、その際には日々の営みとしての漁業、つまり自然の恵みも十分に考慮して実施して欲しいと思う。大切なことは自然を知り、受け入れながら暮らすことにある。

プレート境界付近に位置し、なおかつモンスーン気候下にある我が国で生きていく以上、地震や火山災害、水害は免れることのできない宿命でもある。その反面、諸外国が羨むような生活環境を享受しているのも我が国ならではのことである。自然と上手に付き合いながらその恵みを受け、災害の危険から身を守るためにも、先人たちが残してくれた地名に込められたメッセージを受け止めることが重要になる。

地名には我々が暮らしを営んでいく上で、たくさんの貴重なヒントが詰まっている。我々もいたずらに災害を恐れるのではなく、自然のルールを知り、地球と仲良く付き合っていこうではないか。

第2章

震災が浮き彫りにした災害地名の真実

東日本大震災であらわになった津波痕跡地名

日本中にたくさんの災害地名が残されている。それは図らずも日本がいかに災害の多い土地であるかを物語ることになる。先人たちにとって、危険な場所を地名にして表現して周囲へ伝えるという行為は恐らく自然なことだったはずだ。そしてその地名が現代を生きる我々にも災害のリスクを知らせてくれるのである。

災害地名の中でもとくに多いのは、氾濫や津波といった水難を表すものと、土砂崩れや地すべりなど崩壊を表すものだ。２０１１年の東日本大震災では津波の災害が甚大であったが、被災地には過去の津波の手掛かりとなる多くの災害地名が残されていた。

三陸海岸などは、古くから繰り返し津波に襲われていた土地であるから、多くの津波関連地名が残されているのは当然のこととして、津波への備えが薄かったといわれる、仙台湾以南の太平洋岸（あの福島第一原発をも含む地域）、についても多くの津波地名が残っていた事実はもっと早くに周知されているべきだった。わかっていれば、逃げる時間は十分にあったのである。

まずは東日本大震災であらわになった過去の津波の痕跡を刻んだ地名を見てみたい。

激しい波に噛まれた「カマ」地名

東北地方に多い釜石や塩竈など「カマ」地名は古語の「噛マ」に通じ、津波により湾曲型に浸食された地形を表している。

石巻市で津波により、多くの児童・教職員の痛ましい犠牲を出した大川小学校が位置する場所の地名も「釜谷（カマヤ）」であり、過去の津波を暗示する災害地名であった。岩沼市で壊滅的な被害を受けた集落である「相の釜（アイノガマ）」や「長谷釜（ハセガマ）」、名取市の「北釜（キタガマ）」、山元町の「花釜（ハナガマ）」、相馬市の「原釜（ハラガマ）」、南相馬市の「釜舟戸」「高屋釜（コウヤガマ）」「釜ノ上」「釜前」、富岡町の「釜田（カマデン）」、楢葉町の「鎌田（カマダ）」「本釜（モトガマ）」など、被災地にはたくさんの「カマ」地名があった。

全国に目を向ければ、神奈川県の「鎌倉」がこれに該当する。鎌倉は過去に繰り返し津波に見舞われてきた場所で、最近では１９２３年の関東大震災で６～８メートルという津波に襲われ、１１３戸が流失、由比ヶ浜で３００人が行方不明となっている。現在の鎌倉大仏が露座となっているのも、大仏殿が繰り返し津波により流失したことによる。

また、東北同様に九州にも「カマ」地名は見られ、津久見市の「釜戸（カマド）」、佐伯《さいき》市の「蒲戸（カマト）」「釜ノ浦」「蒲江」など、過去の南海地震や日向灘地震による津波の痕跡を伝える地名と考えていい。

やはり被災地に多いのが「ナミイタ」という地名で、水流があたって痛む崖を意味する。大槌町、大船渡市、気仙沼市、南三陸町に「浪板」、石巻市に「波板」があり、いずれも背後が崖状になった海岸であり、津波に洗われる場所であった。

「オナ」は荒々しい波を意味する「男浪」に通じる津波地名。宮古市の「女遊戸（オナッペ）」、釜石市の「女遊部（オナッペ）」、女川町の「女川（オナガワ）」、南相馬市の「女場（オナバ）」、いわき市の「小名浜（オナハマ）」が該当する。東日本大震災では事なきを得たが、女川に原発があるのは、地名から考えればNGといわざるを得ない。

「スカ」は水流により浸食された地形を意味し、沿岸部においては津波地名となる。東日本大震災の被災地には「スカ」地名が非常に多い。岩泉町の「須賀」、山田町の「前須賀」、大槌町の「須賀町」、南三陸町の「長須賀」、石巻市の「須賀松」、亘理町の「須賀畑」、山元町の「須賀」、相馬市の「須賀畑」、南相馬市の「須賀内」や「須賀前」、いわき市にも「須賀」がある。

「スカ」地名は全国に多く見られる。沿岸部では神奈川県の「横須賀市」や愛知県東海市の「横須賀町」、東海地震津波が懸念される静岡県では湖西市の「白須賀」、南海地震や日向灘地震の際に津波が予想される愛媛県の佐田岬半島に位置し、伊方原発が立地する伊方町にも「須賀」がある。

沿岸部の軟弱な低湿地も津波の常襲地

洪水で土砂の堆積した軟弱な土地は水害が頻発する場所として知られるが、沿岸部では洪水の水流を津波に置き換えることになる。

「アカ」は古語で水の意味があり、地盤の弱い水気の多い土地や、水流による堆積物が垢

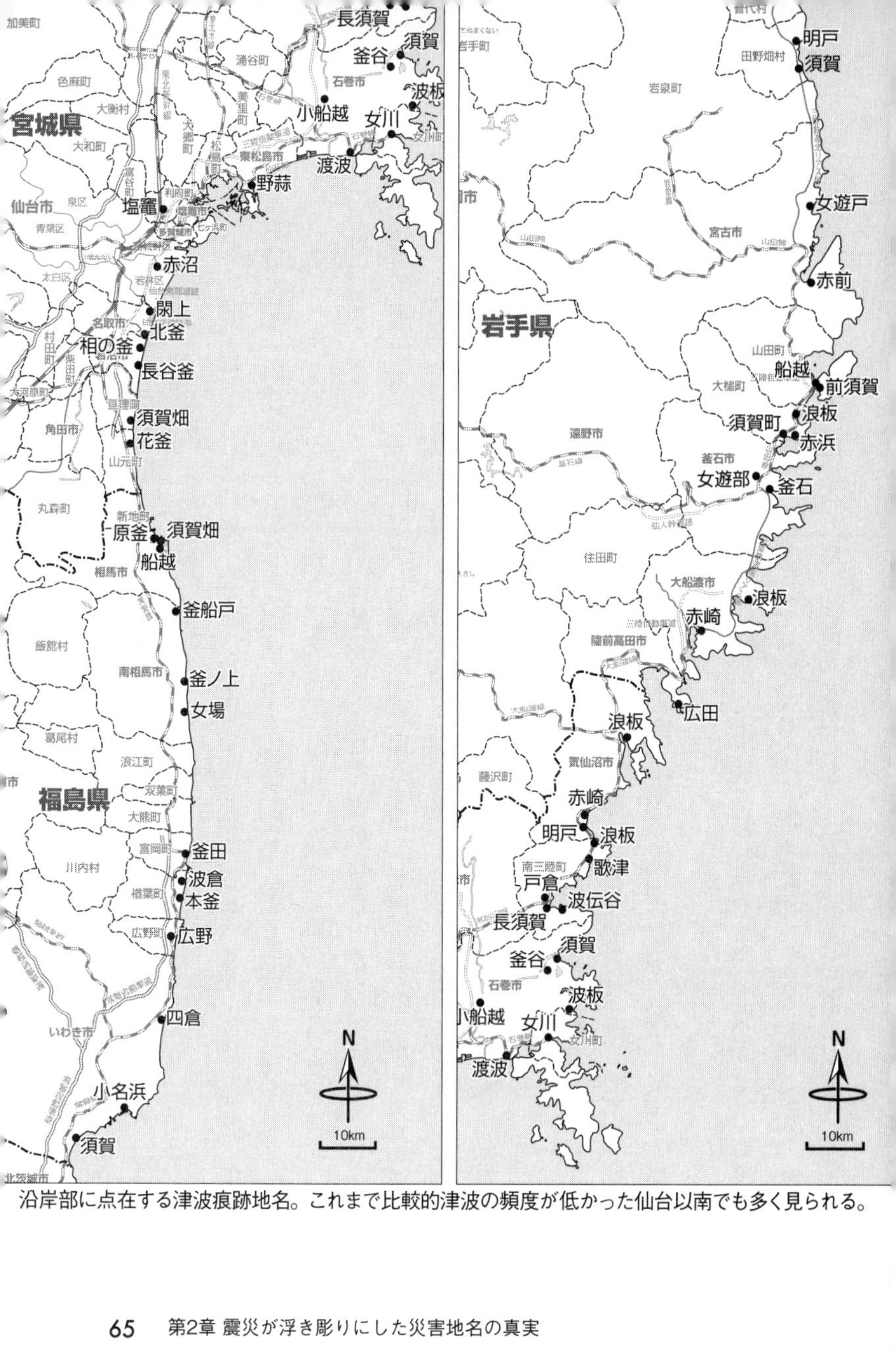

沿岸部に点在する津波痕跡地名。これまで比較的津波の頻度が低かった仙台以南でも多く見られる。

のようにたまった地形を意味する災害地名。被災地では宮古市の「赤前」、大槌町の「赤浜」、大船渡市「赤崎町」、利府町と仙台市、南相馬市にそれぞれある「赤沼」などが過去の津波の痕跡を示し、東日本大震災でも津波の被害を受けている。

「アケ」も古語では「アカ」と同義になる。被災地では「明戸」という地名が田野畑村、気仙沼市(唐桑町と本吉町にそれぞれ)にある。同じように軟弱な土地を意味する地名として「アユ(アイ)」や「ヒル」がある。被災地では石巻市の「鮎川」や東松島町の「野蒜(ノビル)」、山元町の「蛭渕(ビルブチ)」、南相馬市の「蛭沼」、浪江町の「蛭田」などが該当する。

南三陸町の「歌津」の「ウタ」は浸水しやすい土地を表す。大船渡市の「盛」の「サカリ」は浸水しやすい地盤沈下地の意味。同じく大船渡市の「越喜来(オキライ)」の「キライ」も浸水しやすい低地を表す。名取市の「閖上(ユリアゲ)」は波が土砂を揺り上げてつくった土地を表す津波地名だ。

えぐれた土地を表す「クラ」も沿岸部では津波地名。南三陸町「戸倉」や南相馬市「蔵前」、楢葉町に「波倉」、いわき市には「四倉(ヨツクラ)」がある。あまり知られていないが、福島第二原発の所在地が「福島県双葉郡楢葉町大字波倉」である。この事実には大きな不安を覚えざるを得ない。

「ヒロ」は広い土地を表す地名だが、海岸部では津波に襲われやすい場所である。東日本大震災の被災地では福島県の「広野町(ヒロノマチ)」や陸前高田市の「広田町(ヒロタチョウ)」が該当するが、全国的にみれば、津波から村を救うことで知られる名作『稲むらの火』

での舞台となった「広村」（現和歌山県広川町）や、静岡市の「広野」などが挙げられる。

津波で船が陸を越える？「船越」

「船越」という地名は全国にあり、いずれも半島部の付け根などで陸部が狭くなっている箇所である。その名のとおり船が陸を越えやすい場所を意味しており、それはすなわち津波の通り道であることも示唆している。東日本大震災の被災地では山田町と石巻市、相馬市に「船越」があり、実際に津波の被害を受けている。

「船越」が表す地形は、半島付け根で陸部が狭まっていることに加え、周囲よりも低地になっていることから、両側の海岸から津波に襲われる形になり、被害が拡大しやすい場所になっているので注意したい。遠くない将来に発生が予測されている南海ト

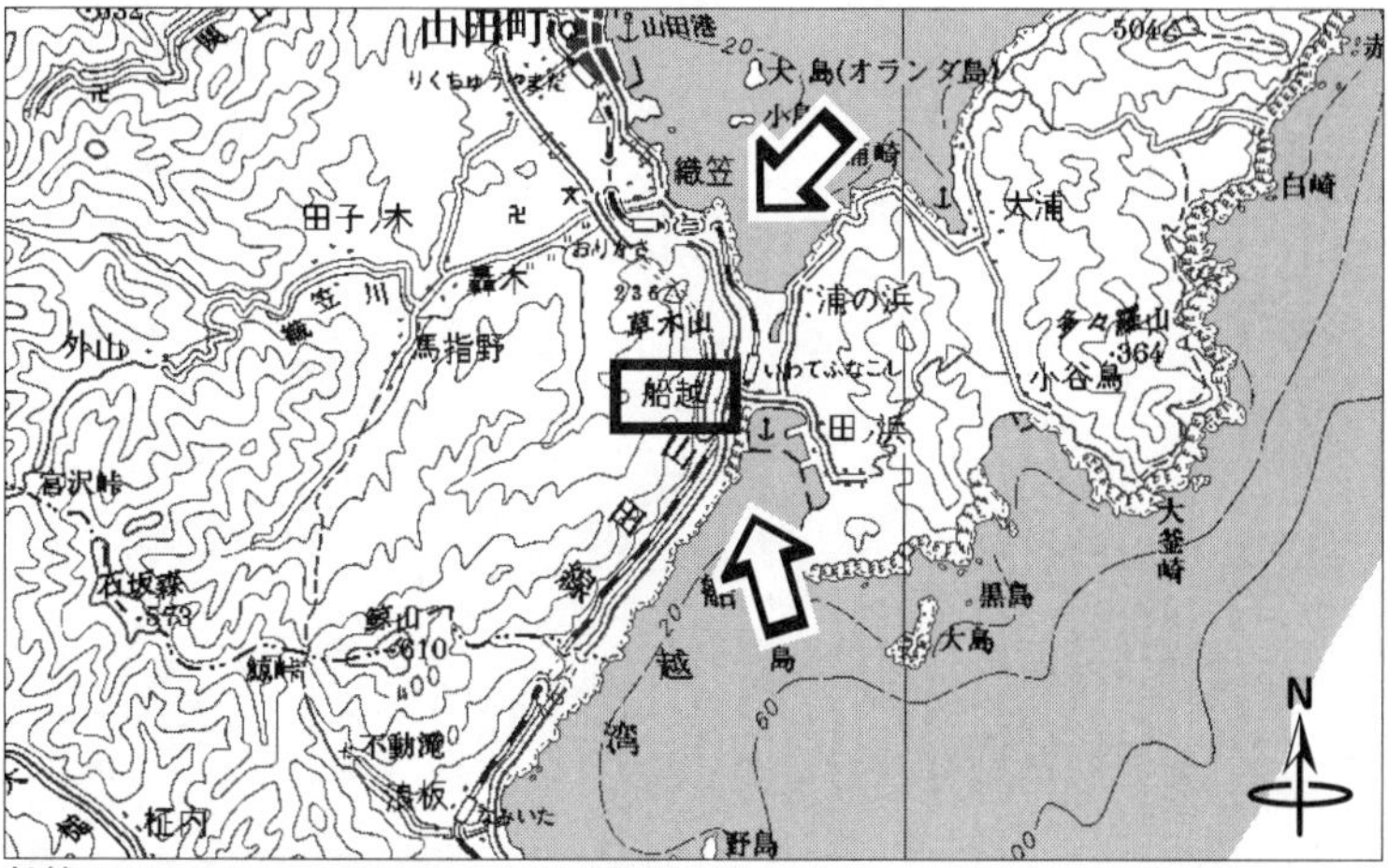

船越（平成17年国土地理院発行　20万分の1地勢図「盛岡」より）
船越は半島の付け根の陸地が狭まった部分に多い地名で、両側から津波に襲われやすい。矢印は津波の進行方向。

ラフでの地震(東海・東南海・南海地震)で、津波の襲来が懸念されているエリアでも、紀伊半島では三重県の志摩市大王町、南伊勢町、紀北町、四国では愛媛県愛南町(2箇所)などで「船越」の地名が見られる。

南三陸町の戸倉地区に「波伝谷(ハデンヤ)」という集落がある。かつて百済の船が座礁したことからついた地名とされているが、この地も繰り返し津波に襲われた土地であり、むしろ津波地名と考えるべきだろう。下の写真を見てもらえればわかるように、比較的標高がある岬の根元に両側から谷が入りこんでいる。これは「船越」地

波伝谷(1975年度撮影　国土情報(カラー空中写真)国土交通省より)
岬の根本に谷上に標高の低い土地があり、津波の通り道となった。

名で表される地形とよく似ている。波が反対側へと伝わる谷という意味で「波伝谷」と考えるのが自然であることは地形が示してくれている。東日本大震災の津波もこの谷を伝っていった。

気仙沼市の「波路上(ハジカミ)」も岩井崎の付け根にある狭い低地で、いわゆる「船越」地形である。「波路上」は字面のごとく路上を波が走る様を表す地名で、東日本大震災でも津波は路上を越え、集落を呑みこんだ。

海からやや離れた内陸部に海に関する地名がある場合も津波の痕跡を表していることが多い。東日本大震災ですっかり有名になった仙台市若林区の「浪分神社」は海岸から5キロメートル以上離れているが、869年の貞観地震の際にここまで津波が押し寄せたことを記した名称である。「浪分」というおおよそ内陸にはふさわしくない名前は、津波の痕跡を物語るものだった。

石巻市の旧北上川を数キロメートルさかのぼった場所に「小船越(コフナコシ)」という、いわゆる「船越」地名がある。ちょうど北上川と旧北上川の間が狭くなっている場所で、内陸にありながらも地形的には典型的な「船越」になっている。東日本大震災時の津波も旧北上川から「小船越」のすぐ側まで遡上した。同様に大船渡市の「船河原」や、愛媛県八幡浜《やわたはま》市保内《ほない》町の「舟来谷(フナキダニ)」など、海岸から少し入った地名に「船・舟」がある場合は津波が遡上した痕跡を示す場合が多い。

また、沼津市の戸田地区に「平目ヶ平(ヒラメガダイラ・ヒラメダイラ)」という地名がある。古い伝承地名であるため現在は地図上からも消えているが、地元の人によると海岸から2キロメートルも離れた山間で、標高は36・4メートルある。伝承は1498年の明応地震の際にこの場所にヒラメが打ち上げられたというもので、にわかには信じがたい話だが、東日本大震災と同程度の津波規模であれば、この高さまで津波が遡上することはまったく不思議ではない。1000年に一度の大津波が我々の想像を越えることを目の当たりにした以上、伝承地名には根拠があることを知るべきであろう。

ここまで見て来たように、地名をたどると津波地名の警告があった場所は東日本大震災でことごとく被害をうけていることがわかる。元来津波の頻度が高かった三陸海岸はともかく、仙台湾以南の、これまで比較的津波の頻度が低かった地域でも、津波地名が並んでいたのである。

人の一生はせいぜい100年足らず。1000年に一度の大津波の伝承を信じられないのは仕方ないことなのかも知れない。しかしこの津波を目の当たりにした人はきっと後世にその危険性を伝えようとするだろう。災害地名の意味を我々は今一度かみしめるべきではないか。

時に生死をも分ける崩壊地名

東日本大震災の被災地について、そのリスクを教えてくれていたのは津波地名だけではなかった。地震動は各地で建物の倒壊を招いたばかりでなく、土砂災害も発生させている。土砂災害も地盤や地形により発生しやすい場所がある。それを教えてくれるのが「崩壊地名」である。

東日本大震災において、仙台市の丘陵地を造成した住宅地で地すべりの被害があった。この住宅地は仙台市太白区の大規模造成地で、「青山」「緑ヶ丘」といった地域だ。最も被害が大きかったのは「緑ヶ丘」で、造成時に谷を埋めて盛土した部分が地すべりを起こしたもの。「緑」がつく地名は、造成地にありがちな典型的な後付けのイメージ地名で、全国的にみて、災害時に谷埋め盛土が原因の地すべりや液状化などの被害を受ける例が多い。「青山」もイメージ地名で、かつては「長町字根岸（ナガマチアザネギシ）」という地名で、山際の崖地の根元を表す崩壊地名だ。ちなみに長町の「ナガ」も「薙（ナギ）」が転じた崩壊・浸食地形を表す地名だ。

市内では青葉区でも造成地の土砂災害が多数発生したが、崩壊地名として警告されていた場所も含まれている。「折立（オリタテ）」は「オリ（降・落）」「タテ（断）」で断崖の崩壊地名。すぐそばにある「栗生（クリュウ）」も「クリ」が崩れやすい土地を表す崩壊地名で、いずれも土砂災害が起きている。地名から考えれば、この場所が造成されたこと自体が好ましくないのだが、新たに移り住んだ住人はそうした事実を知らないことがほとんどである。

福島県白河市では「葉ノ木平（ハノキダイラ）」における地すべりで10棟の家屋が全壊し、13人の死者を出した。「葉ノ木平」はイメージ地名かと思われるが、この場所を挟むように「薄葉（ウスバ）」「六反山（ロクタンヤマ）」という字がある。薄葉の「ウス」、六反山の「タン」いずれも地すべり地形を表す地名であることは偶然ではないだろう。

須賀川市では地震により藤沼貯水池が崩壊して下流の流域を襲い、12名の犠牲を出した。藤沼貯水池は農業用の水瓶であるが老朽化しており、耐震設計もされていなかったことが大きな原因とされている。貯水池が位置する「江花（エバナ）」は「エ」が川、「ハナ」が突端を意味する。下流の集落があるあたりの地名は「滝（タキ）」で、崩れやすい急傾斜を意味する崩壊地名だった。

地すべり地名が並ぶ旧山古志村と新潟中越地震

2004年に発生した新潟中越地震は山間部の直下型地震で、新潟県川口町で震度7、小千谷市・山古志村・小国町で震度6強を記録する激しい揺れに見舞われた。この地震による被害の多くは家屋の倒壊、そして土砂災害によるものだった。

被害が顕著だったのが山古志村（現長岡市）で、もともと地すべり多発地域であったことから、村内のあちらこちらで土砂災害が起こり、村が孤立する事態になった。崩れた土砂が川をせき止める河道閉塞が多発し、閉塞した土砂が崩壊すれば大規模な土石流が発生するため、二次災害を避けて全村避難の措置が採られた。

旧山古志村を訪れると、そこは棚田や棚池が美しい山村だ。この棚池ではニシキゴイの養殖が盛んに行われているが、この棚池、そしてニシキゴイの養殖こそが、じつは地すべりを象徴する景観なのである。棚田の形成には緩斜面かつ地下水位が高いという条件が必要で、この地下水位の高さは地すべりの要因ともなるのだ。ニシキゴイの養殖に最適の環境を提供してくれるのが地すべり地形なのである。実際に村の集落のほとんどが、古い地すべり堆積地に位置していた。

あちこちで発生した河道閉塞で最も大規模なものは芋川の閉塞だった。魚野川の支流である「芋川」の「イモ」は「ウモ」の転訛で、傾斜地の滑落土の堆積を意味し、地すべり地帯を流れる川であることを示している。

集落名や字名などにも崩壊地名が多い。「種苧原（タナスハラ）」は「タナ」が「棚」を、「スハラ」は洲がはらむ場所を表す地すべり地名だ。「竹沢」の「タケ」は崖状の地形を表す崩壊地名、「虫亀（ムシガメ）」は「ムシ」は繰り返す意、「カメ」は古語の「噛ミ」の転訛で浸食を意味し、「虫亀」は繰り返し崩れる崖を表す地名である。「梶金（カジガネ）」の「カジ」と「カネ」のどちらも地すべりを表す古語。「木籠（コゴモ）」では河道閉塞によるせき止め湖で集落が水没する被害が出た地区だが、「コモ」は崩壊や地すべりを引き起こす地形を表す言葉。村中に崩壊地名が並ぶ様は、ニシキゴイの養殖で栄えるこの土地の恵みの裏にある地すべり地形への注意喚起でもあったのだ。

土砂災害の場合、ひとたび襲いかかられたら避難することも困難である。自分たちの住む土地の崩壊リスクを知り、大雨の際などは適切な避難を心掛けたい。その上でも崩壊地名は大きなヒントになるはずである。

地震のリスクを知る地名は？

津波や洪水、土砂崩れを示す災害地名は数多く残されているいっぽうで、地震についての災害地名はほとんど残っていない。それは何故か。

理由はいくつかあるが、何よりも地震災害は津波や水害、土砂災害に比べれば広域にわたるものであり、特定の場所のリスクを示す地名になり得なかったことが大きいだろう。また、よく「活断層に関する地名はないか」などと聞かれることも多いのだが、活断層やプレートテクトニクスなど、地震のメカニズムが知られるようになったのはまだまだ最近のこと。伝承地名がつけられるような時代にはそもそものようなものが知られていなかったわけだ。

そんな中で例外もある。神奈川県秦野市にある震生湖《しんせいこ》がそれだ。震生湖は関東大震災の際に土砂崩れが発生して谷川がせき止められて誕生した湖であり、その名のとおり「震生」

物理学者寺田寅彦の句碑
湖畔に建てられている句碑。
「山さけて　成しける池や　水すまし」
昭和5年に、東大地震研究所の所員であった寺田寅彦が、震生湖に調査に来た際に詠んだ句が刻まれている
（昭和30年建立）

震生湖（神奈川県秦野市）
流入、流出河川は存在せず、地下水脈で周囲の水系とつながっている。

湖と命名されたのだ。ただ、実際のところ成因は地震というよりも土砂崩れであり、崩壊地名と考えた方が理屈が通る。やはり地震地名というのは命名されにくいものなのである。

とは言うものの、地震の揺れ方はその土地の性質に依存している。台地や丘陵地など、形成年代の古い土地は比較的地盤が固く揺れにくいのに対して、河川の氾濫でつくられたような沖積平野は地盤が軟らかいため、揺れが増幅される傾向がある。つまり、水害に遭いやすい土地は地震にも弱いのである。水害リスクを伝える瀬水地名はそのまま地震のリスクにもあてはめることができるのだ。

イメージ地名は疑え

分譲住宅の広告を見ていると、「○○ヶ丘」「○○台」といったきれいな、耳ざわりのいい住所が目に入ることが多い。こうした傾向は新興住宅地ほど顕著で、大規模な宅地造成により形成された住宅団地などは、こうした「イメージ地名」の博覧会の様相を呈している。

災害と地名の関わりを見ていくにあたり、イメージ地名は多くの場合疑うべきだ。なぜならイメージ地名は極めて恣意的な「売るための地名」であり、その土地が持つ本質を覆い隠してしまっているからである。

イメージ地名はもともとその土地に存在していた地名を上書きする形で命名されるた

坂の上から見下ろす自由が丘
高架になっている東急東横線の自由が丘駅のホーム。坂を降りていくと自由が丘駅の改札とロータリーがある。ホームが高いので錯覚しがちだが自由が丘の中心は周辺地域より低い。

め、従来の地名が元来持っていた過去からのメッセージは途切れることになってしまう。分譲地の販売を促すために好イメージの地名が考慮され、土地固有のリスクなど、マイナスイメージは一掃される。実際、住宅購入者もこのイメージを一つのブランドとして重視している。

しかしここに落とし穴がある。「○○台」という台地のイメージを持ちながら、実際には谷地で大雨により浸水したり、造成する際に谷を埋めた「谷埋め盛土」であったため、地すべりや陥没の被害にあったりするケースは少なくない。

たとえば東京都目黒区。東急東横線と大井町線が交わることから交通の便がいいことはもちろん、ファッションの発信地としても知られている。おしゃれな店が立ち並ぶことから女性を中心に人気があり、「住みたい街」ランキングなどでは必ず上位にランクされるブランド地名の一つである。「自由が丘」という響きには「丘」地名特有の耳触りのよさがあるが、実際の自由が丘駅は九品仏川が刻んだ谷の底にある。この辺りのかつての地名は衾《ふすま》村で、谷沿いに水田が広がっている場所だった。

この地が「自由が丘」となったのは、1927年に開校した自由主義教育を掲げた「自由ヶ丘学園」に由来する。この学園そのものはその名のとおり丘の上に位置しているのだが、町名としての自由が丘は谷の部分も含んでいる。現在多くの人がイメージする自由が丘の商業地区は谷底にあたり、「丘」だと思ったら大間違いなのである。

また、前述のような新興住宅の大規模開発は、必ずと言っていいほどイメージ地名を生み出している。新興住宅地は丘や山を切り崩して平地化する。もともと山には尾根があり、谷があるわけだが、出っ張った部分(尾根)は削り、引っ込んだ部分(谷)は埋めることで平らにしていく。こうした過程で、丘の上の新興住宅地には同じ平らな土地でも、削られた部分と埋められた部分の二つの性質が存在することになる。

削られた土地は比較的強いが、埋められた土地(いわゆる谷埋め盛土)の部分は非常に軟らかい土地で、大規模な地すべりのリスクがある他、地震の際の揺れ方も大きくなりやすい。しかも厄介なことに、同じ新興住宅地の中で、どの部分が切土地でどの部分が盛土地かは、古い地図や空中写真を細かく解析しない限り、そう簡単にはわからないのである。住宅購入者が自分の買う土地がどちらであるかを判断することは非常に難しい。

東日本大震災においても、谷埋め盛土を中心とした造成地の地すべりによる住宅被害が多発した。地すべり被害が発生した地域の地名を見ると、「緑ヶ丘」「松が丘」「若葉町」「双葉ヶ丘」「桜ケ丘」「旭が丘」「南光台」（いずれも仙台市）、「緑ヶ丘」「松ヶ丘」（いずれも白石市）、「あさひ台」「桜台」（いずれも福島市）と典型的なイメージ地名がずらりと並んでいる。該当箇所はいずれも造成地であり、谷埋め盛土や腹付け（既にある盛土を拡幅したもの）など、もともと地すべりリスクを持っていたことになる。

じつはこうした谷埋め盛土地の地すべり被害は、1978年に発生した宮城沖地震や、1995年の阪神・淡路大震災でも発生しており、地震や豪雨による地すべりリスクは深刻な問題となっている。谷埋め盛土対策として2006年には宅地造成規制法や都市計画法の改正を行い、造成された宅地のうち、地震等によって地盤の滑動《かつどう》などの災害が発生する恐れが大きい場所を「造成宅地防災区域」として指定するなど、国や地方自治体も動きを見せている。

高度成長期以降全国で大規模造成が行われており、各地に相当な数の谷埋め盛土が存在する事実はしっかり受け止めなければならない。身近な例としては多摩ニュータウンがわかりやすい。多摩ニュータウンは、多摩丘陵を切り開く形で造成された日本最大規模のニュータウンだが、現在でも町田市側の鶴川源流域には、開発前の原風景ともいえる姿が残っている。そこには人の手で維持された丘陵地の雑木林と、その間に入り込む谷戸と呼ばれる谷があり、谷戸は水田として利用されている。多摩丘陵はわずかに残る原風景と、開発されたニュータウンが背中合わせに残っており、その両方の景観を見ることができる貴重な場所だ。この二つの景観を見比べることで谷埋め盛土のイメージを知ってもらうといいかも知れない。

こうした谷埋め盛土のリスクも、地名からある程度察知することができる。ニュータウンの中に「田」地名や「谷戸・谷津」地名が残っている場合も多い。多摩ニュータウンにも「和田」「乞田（コッタ）」「落合」など、かつての原風景を表すかのような地名が残っている。もちろん、「○○ヶ丘」「○○台」のように、古い地名を上書きする形でイメージ地名が命名されているケースは多い。住宅購入者にとっては耳触りのいい地名だが、イメージを信じて入居した場所が谷を埋めた土地ということはよくあることだ。多大なローンを背負って購入するマイホームだけに、避けられるリスクは避けた方がいいのはいうまでもない。

もっとも、最近は土地を選ぶ際に地名のイメージを過信する傾向にややブレーキがかかりつつある。それは東日本大震災の影響が大きい。液状化を起こした地域の多くがイメージ地名だったことを、多くの報道機関が伝えたためだ。

液状化は埋立地や池跡や沼地、旧河道などの軟弱地盤で起こりやすく、こうした性質を持つ土地では繰り返し発生する傾向にある。このような土地はもともと住居には適していないが、高度成長期以降はこの類の土地でも埋立や造成が進んだ結果、液状化の被害が増えているのだ。

これらの土地に共通しているのは、イメージ地名がつけられているケースが多いことだ。

例えば「日の出」。東日本大震災で液状化が確認された場所のうち、千葉県の浦安市、船橋市、そして茨城県の潮来《いたこ》市で「日の出」という地名が含まれていた。これは決して偶然ではなく、浦安市と船橋市では埋立地、潮来市では湖を干拓した土地だった。「日の出」は縁起のいい響きを持っており、こうした新しい土地につけられがちな地名なのである。

同様に「緑」も造成地や埋立地に多いイメージ地名だ。日本の液状化研究の第一人者として知られる関東学院大学の若松加寿江教授の調査によると、全国12の「緑町」で過去の液状化履歴があり、東京都墨田区の緑町は1894年の東京湾北部地震と1923年の関東大震災の両方で液状化に見舞われているという。

また、東日本大震災で最も深刻な液状化被害を受けた浦安市だが、液状化した地区としなかった地区が比較的はっきりと分かれている。液状化した地区はいずれも埋立地で、「今川」「入船」「高洲」といったいかにも水路や海にちなんだ地名に交じって、前出の「日の出」の他、「明海」「美浜」「海楽(カイラク)」「舞浜」など、いずれも字面のきれいなイメージ地名がつけられていた。

ちなみに埋立地でない、浦安市の古くからある集落に「猫実(ネコザネ)」という地名がついている。この地が鎌倉時代に大津波に襲われ、住民たちが集落を守るために堤防を築き、その上に大きな松の木を植えた。この松の根を波が越さないようにという願いを込めて「根越さね」といわれるようになり、やがて「猫実」へ転化したもので、これも一つの災害地名といえる。

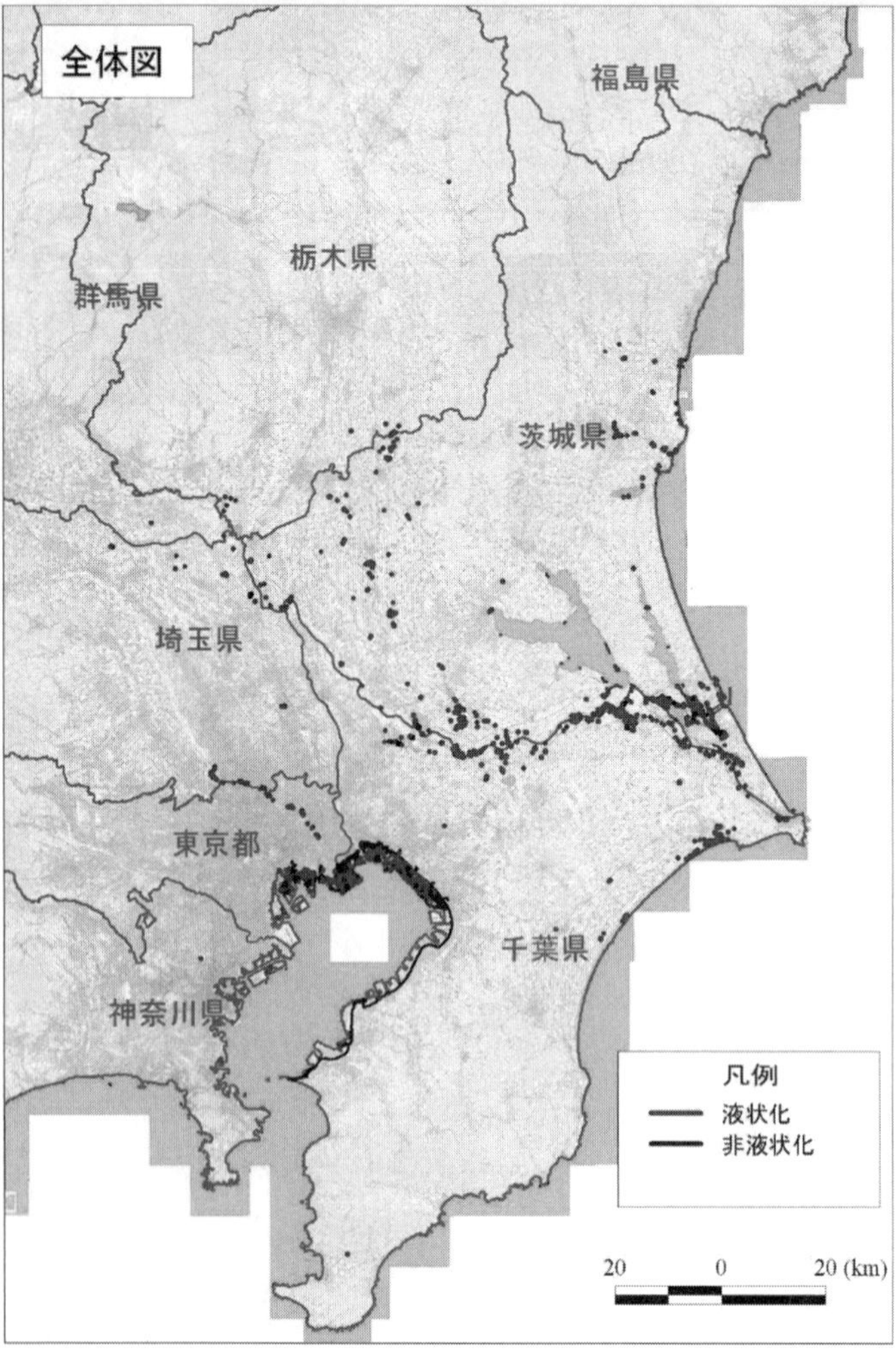

東日本大震災により関東地方で液状化した箇所
(国土交通省関東地方整備局 / 公益社団法人地盤工学会　東北地方太平洋沖地震による関東地方の地盤液状化現象の実態解明報告書より)

埋立地や川沿いだけでなく、内陸部でも液状化が発生しているのがわかる。たとえ東日本大震災で液状化がなかったとしても、イメージ地名に住んでいる場合はその土地がどのような場所だったか確認し、対策をする必要があるだろう。

イメージ地名の液状化が報道されたことから、東日本大震災以降、土地を購入するに際して、古地図や古い空中写真等で事前にその土地がどんな場所であったか確認する人が増えたという。その土地の地名に「池」「沼」「新田」など、軟弱地盤を示唆する地名があればわかりやすいが、逆に響きが良すぎるイメージ地名の場合も疑ってかかるのが正解だろう。

雨が降れば川はあふれる

我が国を襲う様々な災害の中でも、最も頻度が高いのが水害だろう。モンスーン気候の日本は梅雨や台風など、季節によりまとまった雨が降りやすい条件下にある。加えて日本の河川は水源から河口までの距離が短く、標高差もあることから勾配が急で、ひとたび大雨が降れば雨水や土砂の流出が早く、河川の流量が急激に増加する。毎年のように土砂災害や河川の氾濫に見舞われるのはこうした日本の風土が影響している。

本来大雨が降れば洪水になるのは自然の摂理であり、じつは災害でも何でもない。そこに人が住み、被害を受けることではじめて災害になる。これは地震や火山の噴火なども同様で、いずれもごく当たり前に起こる地球活動に過ぎない。つまり、人間がいなければ災害は起きないのである。

また、災害は同じ場所で繰り返し起こっている。これは自然の振る舞いを知り、危険な場所を少しで避けて暮らすことが災害を防ぐ最も有効な手立てであることを意味する。先人が残してくれた災害地名はそんなリスクの高い場所をきちんと示してくれている。

集落を襲う土石流の恐怖

筆者はさまざまな調査で災害現場を訪れる機会が多いのだが、今までとくに印象が強いのが、2004年7月に発生した福井豪雨災害の土石流の現場だ。平成16年福井豪雨と命名されたこの災害では、足羽《あすわ》川の氾濫による浸水被害も大きかったが、それ以上に山間部のあちらこちらで起こった斜面崩壊、とりわけ土石流の恐ろしさを目の当たりにすることになった。

土石流は得体の知れない破壊力を持つ。時には時速40キロメートルという自動車並みの速さで、大量の土砂が流れてくる。谷は埋まり、橋は破壊され、家屋も流されることもある。福井豪雨の際も部屋を塞ぐほどの巨岩が流れてきて家屋を破壊している例があった。

土石流の被害が大きかったのは美山町(現在は福井市)、池田町、今立町(現在は越前市)、鯖江市の山間部だった。地図を見ると、災害地名が並んでいる。

旧美山町の「蔵作(クラツクリ)」地区は2つの沢が合流する土石流が集まりやすい場所で、流れ出した土砂は集落全体に広がった。「クラ」はえぐれた谷を表す地名だ。鯖江市の「金谷(カナダニ・カナダン)」の「カナ」は急傾斜地で礫《れき》の堆積地という、まさに土石流の特性をそのまま表すような意味を持っている。今立町の「柳(ヤナギ)」も斜面を表す「ヤ(ヤナ)」と薙ぎ倒す意の「ナギ」からなる土石流地名だった。これらの地区はいずれも土石流の被害が甚大だった。

土石流は山間部で発生することが多いため、現在でも地区名、集落名、字名などで古くからの災害地名が残っているケースが多い。

2012年7月、活発化した梅雨前線の活動による集中豪雨で、九州の熊本・大分・福岡の3県を中心に土砂崩れや河川の氾濫が相次ぎ、死者30名を越える甚大な被害となった。

熊本県では、阿蘇カルデラの外輪山を中心に土砂崩れが相次いだ。とくに被害が大きかったのが阿蘇市の一の宮町坂梨地区で、複数個所で集落が土石流に襲われた。「坂梨（サカナシ）」は文字どおりの「坂」に山間地の平坦部を表す「ナシ」で、緩傾斜地を示す地名である。こうした緩傾斜地は多くの場合地すべり地や扇状地で、いずれも山間から出た土砂が堆積した土地であることから、土砂災害のリスクが高い土地であった。

坂梨地区に「滝室坂（タキムロザカ）」と呼ばれるかつての豊後街道の難所がある。阿蘇カルデラ内の低地から外輪山へと登る坂で、「滝室」は崖地を表す「タキ」と穴や小盆地などの窪みを意味する「ムロ」からなる崩壊地名である。

坂梨地区で被害を受けた集落名を見ると、「馬場」「豆札」「鬼塚」など崩壊地名が並んでいる。「馬場（ババ）」は崖や崩壊地を表す地名だ。同じく被害が出た「豆札（マメフダ）」の「マメ」も崖地を表す「ママ」の転訛、「フダ」も崩壊地で棚田や湿地となっている場所を表す崩壊地名、「鬼塚（オニヅカ）」の「オニ」は崖崩れなどの恐ろしさが鬼にたとえられたものだ。

土石流は谷に沿って猛スピードで襲ってくるため、いったん巻き込まれてしまうと助かることが難しい災害でもある。でき得る最善の策は、早めに谷の外側へ逃れること。土石流指定渓流に指定されている河川はもちろんだが、土石流は地形との関係が深いので、自分の住む土地の特徴を知ることが重要になる。地名はその際の大きな手掛かりの一つだ。

繰り返された白川の水害

熊本市内では白川の氾濫に見舞われた。白川は阿蘇カルデラ南部の南郷谷を流れ、途中で支流のカルデラ北部を流れる黒川を合わせ、熊本市内を経て有明海へ注ぐ河川だ。阿蘇カルデラ内の水をすべて集めて流れる形になるので、豪雨時には水量が急増する傾向がある。

平成24年九州北部豪雨では阿蘇谷で支流の黒川が氾濫した他、白川でも堤防の決壊こそなかったものの、越水により熊本市内も含めて多数の浸水被害が発生した。

黒川が越水した箇所では阿蘇市「無田（ムタ）」は泥田や沼地を、「跡ヶ瀬（アトガセ）」は背後が崖で川を前にした低湿地を、「内牧（ウチノマキ）」の「ウチノ」は盆地状の土地をそれぞれ表し、水がたまりやすい地形であることを示している。白川の越水箇所では「鹿帰瀬（カキゼ）」が河川の屈曲部を表し、川岸の崩壊による氾濫を示唆する地名。「渡鹿（トロク）」は水が深い場所を示し、地形的に水がたまりやすい場所を表す地名。やはり先人たちの土地のリスクに関するメッセージは地名としてそこここに残されていた。

黒川が越水した場所は、ほとんどが水田地帯だった。これは土地利用としては正しい。本来重要なことは氾濫を防ぐことではなく、むしろ氾濫しても「災害」にならないような土地の使い方である。人がそこに住んでしまえば豪雨の際に被害が出るが、水田をつくるには川沿いの低湿地こそ申し分のない環境なのである。

いっぽう白川の下流は都市部や新興住宅地が並ぶ。もともと水害リスクが高い土地だが、開発されて住宅地になっているケースも多く、こうした場所は氾濫時に被害を受けやすい。しかも新興住宅地の場合は住民も新たに入ってきた人が多いため、この土地を過去に襲った水害の記憶や教訓もない。これが問題なのである。

白川は1953年の西日本大水害(白川大水害)の際に氾濫して流域に大きな被害をもたらしている。この時は2ヶ月前に阿蘇山の噴火があったことから、上流部からヨナと呼ばれる火山灰土が熊本市内に大量に流れ込んだ。熊本市ではその後も1980年、1990年と白川の氾濫に見舞われた他、2007年にも増水による避難勧告が出されるなど、水害に悩まされることがたびたびあった。このように水害は同じ場所で繰り返されており、被害はその土地の性質に左右される。過去の水害の経験とその土地の性質を伝えてくれているのが災害地名であり、我々はそこに学ぶことで被害を最小限に食い止めることを考えていかなければならない。

なお、平成24年九州北部豪雨の際に、テレビや新聞では「これまで経験したことのない大雨」という表現が使われた。これは、気象庁が短文で災害への危機感を喚起するために

２０１２年6月下旬から運用開始した、「記録的な大雨に関する気象情報」に則ったものだ。これまでの気象情報では雨量は○○ミリという量で発表されていたが、雨量への耐性は土地によって異なり、防災関係者からも「何ミリといわれても危険度がわからない」という意見が寄せられていたことに対応した。しかし運用後初めての発表だったこともあり、多くの人が混乱したことも事実だ。

そもそも気象警報や注意報が一般にどのように認識されているのか大いに疑問がある。気象庁の定義では、「注意報＝災害が起こるおそれがあるとき」「警報＝重大な災害が起こるおそれのあるとき」と何とも抽象的だ。前述のように大雨への耐性には地域差があるため、災害に至る条件は地域に依存する。このため気象警報の基準は地域により異なることになる。

さらに、「大雨警報」と「大雨洪水警報」はどうちがうの？「大雨警報」は洪水にならないの？といったように、用語そのものに対する理解も難しい。こうした用例の複雑さに加え、大雨洪水注意報や警報が日常的に頻発するため、情報の受け手は危機感を持ちにくいという問題もある。これは繰り返し避難勧告などが出ても、実際に災害が発生しない「空振り」になり、避難勧告そのものの信頼性が低下して警戒心が薄れるという「オオカミ少年効果」の一つである。適切な避難は人的被害を防ぐただ一つの手段であることを知り、早めの判断を心掛けたい。

7年前の教訓

2004年7月、活発化した梅雨前線の影響により、新潟県中越地方を総雨量400ミリ超の豪雨が襲った。信濃川本流こそ決壊はなかったものの、支流である五十嵐川や刈谷田川などで堤防11カ所が決壊し、流域である三条市や中之島町(現長岡市)、長岡市、見附市など広範囲で浸水被害が発生した。

越後平野は、信濃川の洪水により形成された氾濫原であり、水はけの悪い沼地が広がり、農作業は腰まで泥につかっていたといわれ、それが分水路や排水路の整備で現在の姿になった経緯がある。この豪雨災害ではこうした排水路もことごとく氾濫する形になった。

信濃川のほとりは洪水で堆積した土砂が自然堤防を形成することで微高地になっており、その上に集落がつくられている。そして自然堤防の背後は、相対的に低い後背湿地となり、水田地帯になっている。氾濫した刈谷田川や排水路はこの後背湿地を流れており、ひとたび洪水になれば水が集まりやすい条件がそろっていた。

こうしたことは古くからの住民はある程度心得ており、だからこそ自然堤防上に居住地を設定していた。肥沃な後背湿地は新田開発されて、日本の穀倉地帯の一翼を担っていた。人が住むには不向きだが、稲作には最高の環境だったのである。

旧中之島町の浸水箇所の地名を見ていくと、「大沼新田」「小沼新田」「下沼新田」「上沼新田」「中条新田」「亀ヶ谷新田」「稲島」「西高山新田」など、新田地名がずらりと並んでいる。こうした土地には現在では少なからず人が住んでいる。その土地を居住地として選ぶ時点でいずれ災害に遭うことは予見できる、住んではいけない場所だったのである。ちなみに刈谷田川の決壊地点の字名は旧町名と同じ「中之島」。氾濫により町はその名のとおり、洪水に浮かぶ島のような姿になってしまった。そのリスクを地名ははっきりと示していた。

中之島町では避難勧告の遅れにより（見附市は中之島町の2時間前に避難勧告を出したことで犠牲者がゼロだった）3人の死者を出し、役場も冠水して機能を果たさなかったことから町の対応に批判が続出した。町の対応が至らなかったことは確かだが、すべての責任を行政に押しつけることには賛成できないし、そうしたところで何も解決しない。危険を感じたら避難勧告の有無にかかわらず早めに避難行動をとる判断こそが身を守ることになるのである。

三条市も五十嵐川の決壊で浸水に見舞われた。被害が大きかったのは決壊地点に近い「曲渕（マガリフチ）」と「諏訪新田」（現諏訪）だった。「曲渕」は河川が湾曲して水が深い場所を示す地名、「諏訪新田」は文字どおり新田開発された土地だが、災害の時点ではいくつかの新興住宅地が立地していた。氾濫が繰り返されることは歴史が証明しており、この場所を宅地開発するのは、まったくもって愚かなことといわざるを得ない。

2011年7月、2004年の水害とほぼ同じ状況が繰り返された。三条市では五十嵐川が再び決壊して浸水の被害に見舞われた。しかし三条市では7年前の災害が教訓となったこともあり、2004年には9人だった死者が1名に減るなど、人的被害を減少させている。

2004年・2011年と比較的短い期間に続いたことでわかるように、洪水は同じ場所で繰り返し発生するものである。浸水しやすい場所に住居を置くことは、自ら災害に近づくような行為であることを知っておく必要がある。

災害から身を守る上で重要なことは、自分の住む土地の性質を知ることだ。過去の災害を示してくれる災害地名は大きなヒントになる。災害地名の中でも、水害に関するものは非常に多く、またわかりやすいケースが多い。参考までに、前述の「五十嵐(イカラシ)川」は「厳(イカ)」「荒々しい(アラシ)」の組み合わせで、氾濫を起こしやすい暴れ川を、「刈谷田(カリヤタ)川」は「駆り(カリ)谷」で急流の谷川をそれぞれ意味している。いずれも頻繁に氾濫する河川であることを、先人たちは教えてくれていたのである。

ゲリラ豪雨で冠水する場所は最初から決まっている

水は低いところへ集まる。雨水も同様だ。大雨が降った際も、周囲より低い場所は浸水し、周囲より高い場所であれば浸水を免れることになる。

田舎に行けば、尾根があり谷があり、自然堤防に集落が並び、氾濫原に水田が広がるような景観が広がる。そういう場所では誰でも土地の高低がわかるし、沼や湿地になっていれば浸水の危険があることは直感的に感じられるだろう。

しかし都市部のようにビルが立ち並び、電車や地下鉄で移動をしている暮らしはその感覚を麻痺させる。その土地がかつて低湿地であったとしても、ひとたびそこが街になってしまえば、もうその原風景は想像すらできないほど変化してしまう。わずかな手掛かりである川ですら、暗渠（地中に埋設された河川や水路。既存の川に蓋をしてつくられることもある。）にされてしまうことでわからなくなる。

地下鉄東京メトロ東西線木場駅の出入口の一つ。降りる前に一度階段を登る形になっている。

都市化が進み、川が暗渠化されても、その場所が周囲より低い谷地である事実に変わりはない。東京の山の手、たとえば世田谷区や目黒区あたりでは、暗渠化された川の跡は緑道になっていることが多い。そしてその周囲をよく見ると、緑道をはさんで両側が上り坂になっていることがわかる。その場所が谷地であり、そこに川が流れていたこと名残をとどめる地形であり、こうした場所は大雨が降れば周囲から水が集まって来ることで浸水する可能性が高い。それは「標高が○○メートルあるから大丈夫」という問題でなく、周囲に比べて高いか低いかという相対的な問題なのだ。

さらに都市部は地面がアスファルトで固められていることがほとんどで、降雨が地下に浸透せず、すべて下水道に集まってしまうという排水の問題も大きい。このため、短時間に多くの雨量を記録するゲリラ豪雨（都市型豪雨）の際には、排水が追い付かずに出水するケースが多い。下水道の整備・改良は随時行われているものの、自然の排水力を失った都会は集中豪雨に対してより大きなリスクを抱えていることになるのだ。

同じ理屈は地下空間にも当てはまる。地下空間は地面より低いわけだから、水が流れ込んだ場合は非常に危険である。１９９９年の福岡での集中豪雨では、大量の水が博多駅周辺の地下街や地下鉄、ビルの地下室などに激流となって流れ込んだことで、中に閉じ込められた人が死亡、同年東京都新宿区の住宅の地下室でも1名が死亡している。その後も各地で地下空間の浸水被害が相次ぎ、都市部の無防備な地下空間の浸水リスクを目の当たりにすることになった。現在では地下空間の浸水対策は重要な課題として扱われている。こうしたこともあり、東京の下町を走る地下鉄の駅の入口は、いったん2～3段上ってから入口の階段を下る構造になっている。これは、雨水が直接構内に流れ込まないための工夫なのである。

じつはゲリラ豪雨に弱いのは山の手だ

2005年9月4日、海上にあった台風の影響で関東上空に湿った空気が流れ込み、首都圏で雷雲が発達して局地的豪雨に見舞われた。東京都内では杉並区や三鷹市で1時間に100ミリを越える猛烈な雨となったのをはじめ、新宿区や北区、世田谷区、練馬区などでも雨量は100ミリに達した。神田川と妙正寺川流域には避難勧告が発令された他、石神井川、善福寺川、江古田川、野川、仙川などが溢水し、床上浸水2900戸、床下浸水1900戸、被災事業所1000戸という被害になった。

中野区で浸水戸数が多かったのは、野方、大和、鷺宮、江古田、沼袋といった妙正寺川の流域だった。野方は江戸時代にはもっと広域を指していた地名で、現在の野方の妙正寺川周辺は「上沼袋村」だった。現在の「沼袋」はかつての「上沼袋村」で、いずれも谷や河川が湾曲した水のたまりやすい地形を示す「袋」地名だ。

大和町は住居表示実施の際につけられた新しい地名で、もともとは「下鷺宮村」だった。現在の鷺宮は当時の「上鷺宮村」で、「鷺宮」は鷺の住む場所であったことが由来とされているが、「サギ」は「裂き・割き」から、「ミヤ」は平地を意味することから、むしろ「川(洪水)に裂かれた平地」を意味すると考える。「江古田」は水田地名だが、「エゴ」は川の入江を表すことから、水がたまりやすい場所であることを示している。これらの土地はいずれも谷沿いであり、短時間に下水の排水能力を上回る雨量になれば一気に出水する可能性がある場所だ。

杉並区で浸水戸数が多かったのは荻窪、上荻、西荻北、堀ノ内、和田、阿佐ヶ谷南といった地域。「荻窪」は善福寺川の谷に位置しており、荒蕪地《こうぶち》（雑草が茂ったままの荒地）を表す「オギ」と水がたまる窪地を表す「クボ」を組み合わせた水害地名。「上荻」はかつて荻窪が上荻窪村と下荻窪村に分かれていた頃の名残で、上荻窪の方が善福寺川の上流であったことを意味している。「阿佐ヶ谷」の「アサ」は地下水の浅い湿地が広がる谷を意味しており、実際に天沼から流れる谷に立地している。南阿佐ヶ谷はその南側で、こちらは善福寺川の谷がある。

「和田」は鎌倉時代に和田義盛の館に由来するとの伝承があるが、地形を見れば、川の湾曲を示す「輪田・円田（ワダ）」が転じたとみるのが妥当で、洪水常襲地を示す。実際に善福寺川の谷に位置している。「堀ノ内」は本来武士の館を示すが、それを裏付ける資料は発見されておらず、由来は不明とされる。古い地図を眺めると、旧堀ノ内村（現在の妙法寺門前あたり）はちょうど三方向を谷に囲まれる形で位置しており、これらの谷を堀に見立てれば地形的に「堀ノ内」であったと考えてもあながち不自然ではない。ただし、現在の堀ノ内は善福寺川の谷やその対岸をも含む地域となっており、谷沿いは水害の常襲地である。

このように都内を襲うゲリラ豪雨で浸水被害が出るのは、じつは山の手（武蔵野台地上）の方が圧倒的に多い。下町低地に比べて標高が高いのになぜ？と思われるかも知れないが、水の流れに標高は関係ない。むしろ注意すべきは比高である。いくら台地の上とはいっても、河川沿いは谷地であるから周囲より低く、ゲリラ豪雨のように短時間で大きな雨量を記録した場合、一気に水が流れ込む危険をはらんでいる。こうした土地では日頃から浸水を防ぐような備えが重要になる。とくに地下空間は非常に危険なので、退避を心掛けたい。

なぜ中野坂上は「坂の上」なのに冠水したのか

2011年8月26日、東京都心がゲリラ豪雨に襲われた。テレビのニュース映像なので冠水した場所が映し出されるのは常だが、最近ではインターネットを通じて、一般の人が特派員よろしく画像や映像をアップしてくれる。この日もツイッターでもたくさんのつぶやきとともに関連画像がアップされ、どこがどのように浸水したのかが容易に確認できた。

こうした投稿の中に目を疑うようなものがあった。「坂の上なのに中野坂上水没」と書かれ、道路が海のように冠水している画像が添えられていたのだ。

水は低い場所へ集まるのになぜ坂上が浸水するのだろう。半信半疑で現場を探してみた。写真に写っていたのは大久保通りで、宮下交差点のすぐそばであることが判明した。なるほど、これは冠水してもまったく不思議はない。大久保通りは暗渠となった桃園川に並行して谷底を走る道路なのである。

ではなぜ投稿者は「中野坂上」としたのか。写真の場所は住所でいえば東中野2丁目と中央2丁目にまたがる道路。しかし最寄りの駅が中野坂上駅であることから、周辺の店舗名やマンション名などは多くが「中野坂上」を名乗っている。

そもそも「中野坂上」という町名は存在しない。青梅街道が神田川の谷を越えて坂を上った場所を示している通称名であり、いわばピンポイントの地名。それが店舗名としてのわかりやすさや、マンションの名としてのブランドイメージのために拡大解釈されているのが現状だ。投稿された写真の場所は実際には「中野坂上」ではなく、むしろ谷底の浸水危険地だったのである。同じようにブランドイメージが高い目黒区の「自由が丘」も谷底部を含んでおり、都市部の地名にはこうした罠も多い。

湖の底の住宅地

大雨の際にはどうしても周囲に比べて低い土地に水が集まるわけで、水害のリスクは地形に大きく依存している。河川沿いの氾濫原や旧河道などはその典型で、こうした土地は本来遊水機能を持たせた水田として使われている場合が多い。ところが都市周辺では最近はこうしたリスクの高い場所でも宅地化が進んでいる。

こうした場所は浸水のリスクを示すような地名が付けられていることが多い。また、遊水地の水田地帯は、いわゆる新田開発で整備された場所が多く、「田」のつく新田地名も目立つ。

京都市の伏見区・宇治市・久御山町にまたがる場所に広大な水田地帯が広がっている。地形は周辺と比べて低く、盆地状になっている。じつはこの場所、かつては「巨椋（オグラ）池」と呼ばれる池があった。いや、池というにはあまりにも大きく、京都府最大の淡水湖だったのだ。

巨椋池は木津川・桂川・宇治川の合流する位置する広大な遊水地だった。豊臣秀吉が伏見

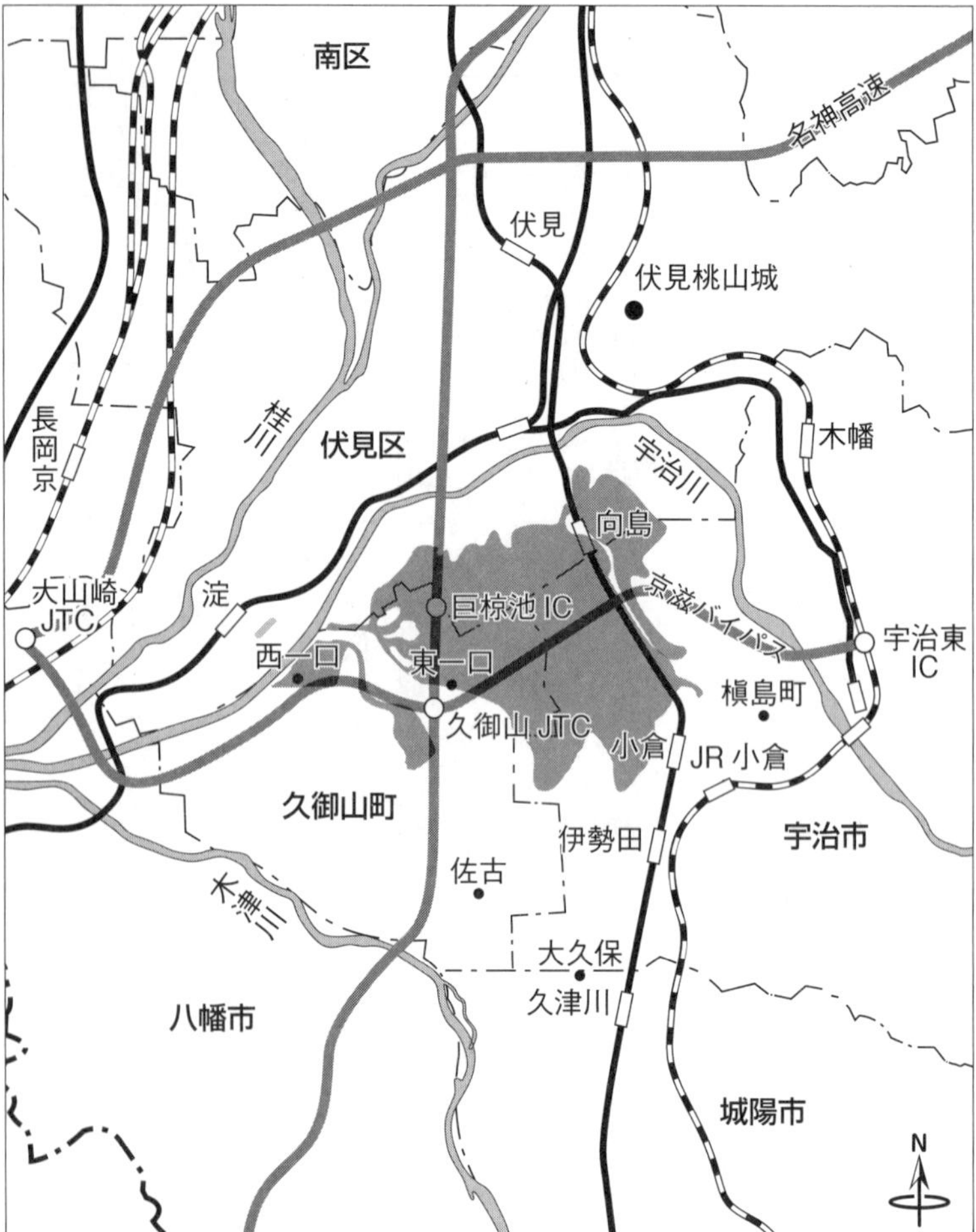

かつては「巨椋池《おぐら》」と呼ばれる池があった京都府伏見区「船越」

(平成17年国土地理院発行20万分の1地勢図「京都及大坂」を参考に作成)

灰色の位置に巨椋池があった。現在は干拓され巨椋池だったところは水田や住宅となっている。インターチェンジの名前だけが現代に残っている。

城を築いた際に河川改修や堤防の建設が行われたのを皮切りに、それぞれの時代に治水のための土木工事がなされ、昭和に入ると干拓事業が始まり、1941年には干拓が完了して農地化されて巨椋池は消滅した。

こうしたこともあり、この周辺の地名は水田地名が多い。「伊勢田」「市田」「向島新田」「五反田」「津田」「遊田」「砂田」などがこれにあたる。また、「大池」「堀池」「蓮池」「大川原」といった地名も巨椋池の存在の名残を示している。「向島」「槇島」といった地名は当時その場所が池に囲まれた島だったことを表す。また、久御山町の「一口(イモアライ)」も旧河川を意味しており、典型的な水害地名だ。

2012年8月14日、前の晩から降り続いた豪雨により、大阪府・京都府・奈良県にかけての地域は浸水に見舞われた。真っ先に浸水したのが旧巨椋池のあった地域だった。干拓地の中央部は現在でも水田として利用されているが、周縁部についてはすでに宅地化されており、ひとたび水が出ると床上・床下浸水の被害になりやすい。この日浸水被害が出たのは宇治市では「木幡」「伊勢田」「小倉」「大久保」など。「伊勢田」は前述の通りの水田地名、「小倉」の「クラ」は谷地形を表す。「木幡」は近鉄の駅名は「コワタ」だが、JRは「コハタ」で、地名としてはこちらが正統。「ハタ」は畑ともとれるが、川のそばを表す地名であり、実際にそのような立地になっている。「大久保」は旧巨椋池からはやや離れるが、窪地で水がたまりやすい場所を表す地名だ。久御山町では市の施設が冠水する被害があったが、住所でいえば「佐古」にあたり、「サコ」は水のたまりやすい谷地や窪地を意味する。

この日は鉄道も冠水に見舞われた。近鉄は向島駅と小倉駅の間が冠水したが、この辺りはちょうど旧巨椋池を横切る形で走る部分だ。京阪電車も木幡駅付近が冠水、すぐそばにある木幡池が溢れた。木幡池は広い意味ではかつての巨椋池の一部で、遊水地となっていた場所でもある（淀の京都競馬場の池も巨椋池の名残と考えられている）。

かつて湖や池であったところは、ある程度の治水対策がされているとしても、水がたまりやすい土地条件に変わりはない。また、緩い土地であることから、地震の際の揺れも大きく、液状化が起こりやすい場所でもある。賃貸住宅ならともかく、一生ものの財産となる住宅購入の際には何としても避けるべき土地である。

広大な湖だった大阪東部

巨椋池の存在もそうだが、もともと大阪平野は、戦国期あたりまで湿地帯が広がっていた場所である。かつて豊臣秀吉が難攻不落の大阪城を建てたのは上町台地の突端にあたる場所だ。この地は織田信長を苦しめた石山本願寺があった場所でもあり、この城が攻めにくかった理由の一つが、眼下が一面の湿地帯であったことにある。

時代をさかのぼれば、紀元前５０００年頃の縄文海進により、大阪平野の上町台地と生駒山地の間に大きく海が入り込み、河内湾と呼ばれる湾が存在していた。時代が進むにつれて海は退き、河川は上流から土砂を堆積させた。また、上町台地から北方には砂州が形成されて河内湾は塞がれる形になり、淡水化して河内湖となった。河内湖はその後堆積が進み徐々に縮小していき、江戸時代には干拓によりほぼ湖が消滅した。門真市の弁天池や大東市の深野池《ふこうの》はその河内湖の名残とされている。

このように、大阪府のかなり広い範囲がじつは湖の底だったことになる。中でも深野池周辺と鴻池《こうのいけ》新田周辺は江戸時代まで水域が残っており、最後に干拓された場所であることから、水がたまりやすい地域が広がっている。実際に1972年、1975年と立て続けに集中豪雨による未曾有の水害に襲われて多くの住民が被災している。

深野池のあった大東市は、干拓による新田開発で天下の台所であった大坂を支える穀倉地域として発展した町だ。「大東市」という市名は大阪の東部という立地に加え、「光は東方より」という古代ローマのことわざに市の発展を託したことによりつけられた「イメージ市名」である。とくに市の西側は標高の低い土地が続いており、「新田北町」「新田旭町」「新田境町」「太子田」など新田地名が並んでいる。いっぽう東側では「緑が丘」「楠の里」「明美の里」などイメージ地名が多いのが特徴になっており、いずれも災害に対してリスクを持つ地名といえる。

鴻池新田は東大阪市にあり、江戸時代に新開池を干拓することで陸化した土地である。周囲に比べて低い土地が広がっており、地名も「鴻池新田」をはじめとして、「稲田」「川田」「川俣」など水害リスクを持つ地名が並ぶ。干拓地であるためこの地を流れる寝屋川は天井川のように河床が周囲より高い状態になっており、川岸には薄く高い壁のような堤がつくられている。

このようにかつては湖の底であった大阪東部は地形的に水がたまりやすい場所になっている。とりわけ最後に干拓された土地は河床が周囲より高いような状況であり、ひとたび出水すれば被害は大きくなりやすい。多くの人がその事実を知らないまま暮らしているとすれば、非常に危険なことである。微妙な高低を含めて土地を知り、万が一の際には速やかな避難を心掛けたい。

川を挟んだ同地名は水害のサイン

都道府県や市町村が異なるにも関わらず、同じ地名が河川を挟んで並んでいるケースがよくある。これらはほぼ例外なく過去の水害の痕跡と考えていい。

たとえば多摩川などは顕著だ。東京都大田区に「下丸子」があるのに対して、川崎市中原区に「中丸子」「上丸子」、また、世田谷区と中原区のどちらにも「等々力(トドロキ)」がある。世田谷区と高津区には「宇奈根」があり、世田谷区に野毛・上野毛があるのに対して高津区に下野毛がある。「瀬田」が世田谷区と高津区にある他、「中和泉」「元和泉」「東和泉」が世田谷区に、「和泉」が川崎市多摩区にある。「布田」は調布市と多摩区にあり、府中市に「押立(オシタテ)町」、稲城市に「押立」、「石田」は国立市と日野市にある。いずれも多摩川を挟んだ同地名だ。

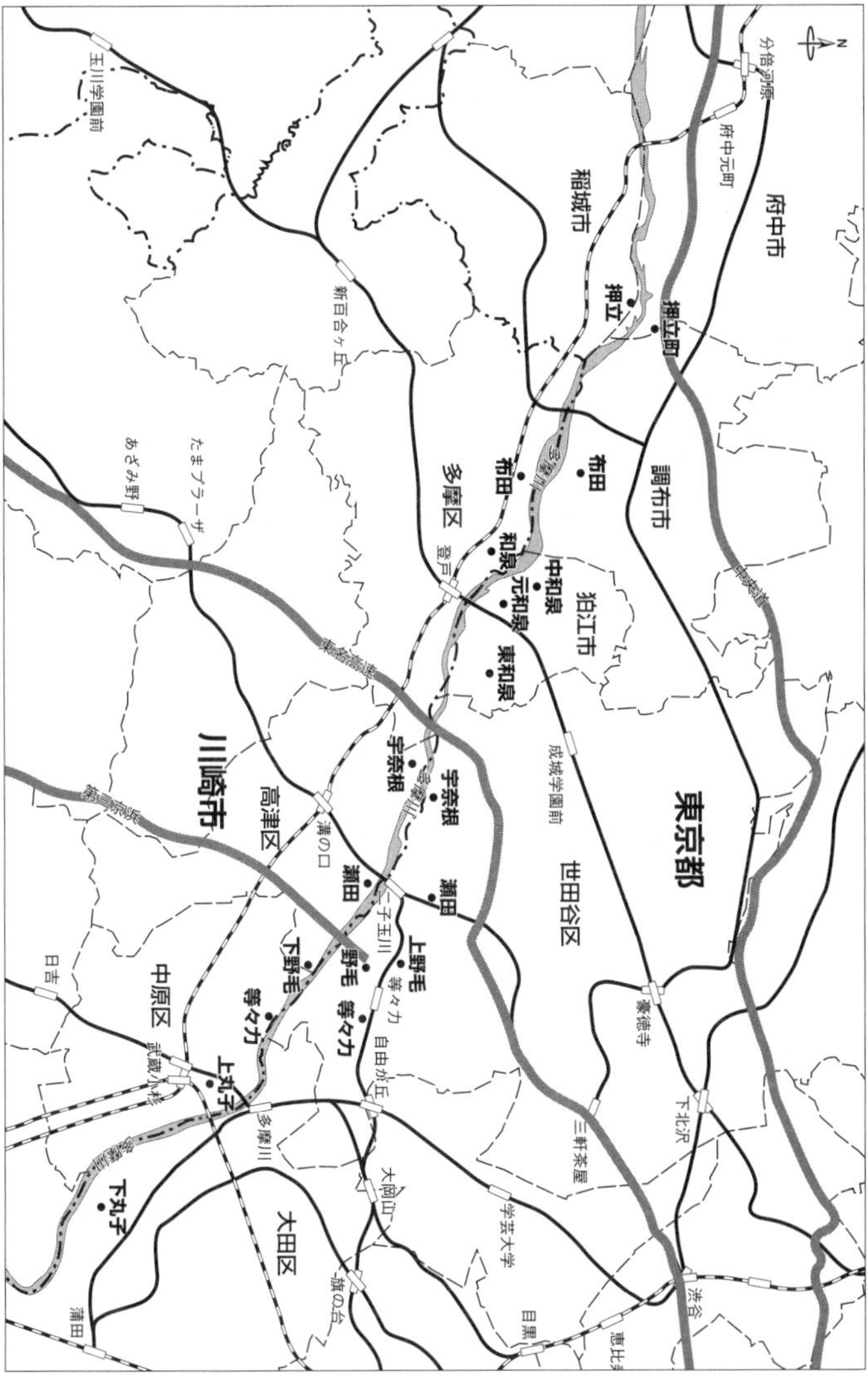

多摩川を挟んで同じ地名が点在している
（平成21年国土地理院発行　2万5千分の1地形図「溝口」「東京西南部」「川崎」を参考に作成）

かつての多摩川は暴れ川として知られていた。河川延長が138キロメートルと短いにも関わらず、水源の標高が1953メートルと高く、勾配が急であるため、古くから氾濫が絶えなかった。洪水の度に流路が変わり、沿岸にあった村が川により隔てられてしまうことも珍しくなかった。現在に近い流路になったのは1590年の大洪水といわれており、その時に分断されたのが丸子や等々力、野毛、瀬田、宇奈根、布田、押立、石田といった村々で、その後堤防の整備が行われ、後にそれぞれ別の市町村に取り込まれたことで、現在のような川を挟んだ同地名が誕生したのだ。

このようなケースは、同じく東京都と神奈川県を分ける境川（古くは武蔵国と相模国を分けたことに由来する）でも見られ、川を挟んで町田市と大和市に「鶴間」が、町田市と相模原市に「鶴間」「矢部」「小山」「相原」が、そして同じ神奈川県だが横浜市と藤沢市に「俣野」がそれぞれ分かれて存在する。また、かつての渡良瀬川（のちに利根川）の流路にあたる現在の江戸川でも、「金野井」「宝珠花（ホウシュバナ）」「親野井」が千葉県野田市と埼玉県春日部市に分かれており、これらはかつての氾濫の形跡をとどめているのである。

現在のような堤防が整備される以前は、大雨が降れば洪水が起こり、河川は氾濫し、その都度流路を変えながら、上流の土砂を下流に堆積されることで現在の平野がつくられた。つまり当時は河川が流れる平野（氾濫原）全体が、広い意味での川だったのだ。平野に住むということは、地球活動のスケールで考えれば河川敷に住むも同然なのである。

前述の多摩川は江戸時代以降も何度となく堤防を決壊させ、氾濫を繰り返してきた。

1910年(明治43年)の関東大水害では多摩川も未曾有の被害に見舞われ、大正時代になると住民の陳情を受けて河川改修が始まる。しかし改修後もたびたび決壊は繰り返され、記憶に新しいところでは、1974年の狛江水害がある。

狛江水害は多摩川水害とも呼ばれ、台風16号による豪雨で二ヶ領宿河原堰《にかりょうしゅくがわらせき》付近の左岸にあたる狛江市猪方において堤防が決壊し、本流の堰を避ける形で激しい迂回流が発生し、家屋19戸が流出する被害が出た。流出の模様がテレビ中継されたことで、多くの人が水害の怖さを目の当たりにすることになった。このシーンは後にテレビドラマ「岸辺のアルバム」でも使用されて有名になったのでご存じの方も多いかも知れない。

この時の破堤地点となった狛江市「猪方(イノガタ)」は、水のたまりやすい場所を表す災害地名で、まさにそのとおりの被害となってしまった。じつはこの場所は江戸時代以降に限っても、何度も破堤している水害の特異地であった。現在この地の多摩川河川敷には「多摩川決壊の碑」が建てられて当時の教訓をとどめているが、あの日家屋が流失したその場所には現在も新たに多くの住宅が並んでいる。

時代や洋の東西を問わず、国を治める上で治水は欠かせない事業だった。とくに日本においては地形が急峻であることから、河川の勾配がきついことに加えて、人間活動の大部分が河川の氾濫により形成された沖積平野で営まれており、治水の難しさに多くの支配者が悩んで来た歴史がある。

近世以降は利根川を代表例とする河川の付け替えや直線化などの河川改良、堤防の建設

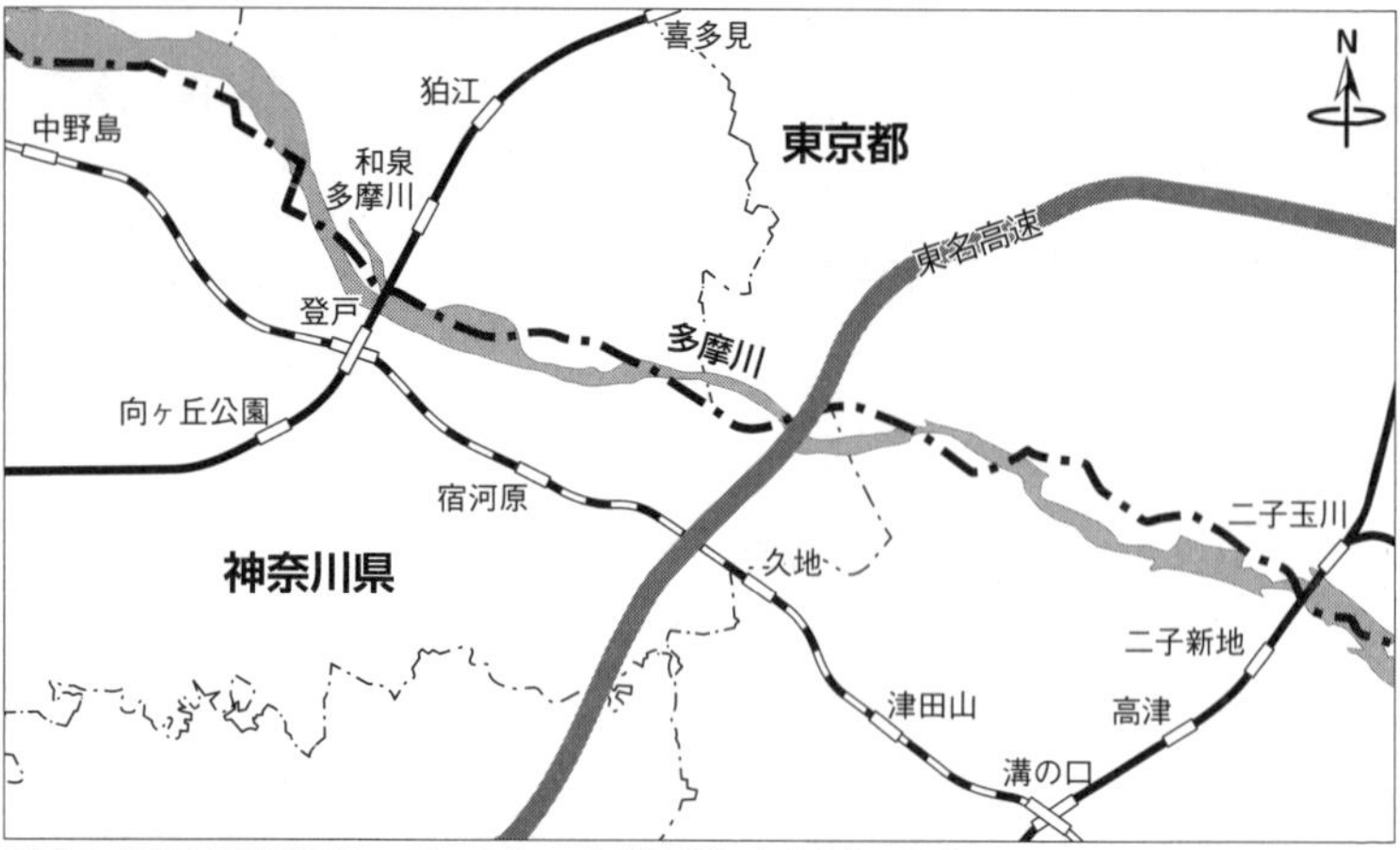

(平成 21 年国土地理院発行　2万5千分の1地形図「溝口」を参考に作成)

東京都と神奈川県の現在の県境を流れる多摩川。境界線が定まったときは川に沿っていたはずだが、現在の流路とは一致しない。

(平成 21 年国土地理院発行　2万5千分の1地形図「武蔵府中」「八王子」「原町田」「上溝」を参考に作成)

町田市（東京都）と相模原市（神奈川）の県境を流れる境川。現在の流路は河川改修で直線化されているが、ジグザクの境界にかつての流路の名残を見せる。

による治水が進められてきた。これにしたがい氾濫する頻度は以前より少なくなったが、近年では本来遊水機能を持っていた土地が住宅地になってしまったことや、堤防で固められたことで、上流から供給される土砂の逃げ道がなくなってしまった。このため河床に堆積してしまうことによる天井川化が進むなど、新たな水害リスクが問題になってきている。

河川を挟んだ同地名は、このように河川改修によって見えにくくなった、その土地が本来持っている水害のリスクを現在に示してくれる貴重な手掛かりなのである。

また、地名ばかりでなく都道府県界や市町村界が教えてくれる水害リスクもある。地図で多摩川を見ると、東京都と神奈川県の県境が必ずしも現在の川の流れの中央に沿っていないことがわかる。不必要に曲がっていたり、河川敷が反対側の都県にかかっていたり、境界確定以降もまだ流路が変わっていることを示している。境川についても同様で、現在の流路は河川改修により直線化されているが、東京都町田市と神奈川県相模原市の県界は、かつての川の蛇行の名残をとどめるかのように曲がりくねっている。こうした例も、河川改修以前には洪水が繰り返されたことを物語っている。

動物地名に隠された災害

動物にちなんだ地名は全国にある。由来を調べると、その動物に関する古い伝説があったり、その場所に動物が現れたり、親しみやすい記述が目立つ。しかし、実際のところ伝説地名は多くの場合、地域の観光振興のために後付けされたような例も多く、動物の出現も珍しいものはともかく、ウサギやクマなどどこにでも出現するような動物についてはかなり疑わしい。もちろん、アニミズム的な動物信仰は存在しており、神社に蛇や狐が祀られている例は数知れない。ただし、それが地名になるかというと別問題だ。じつは動物地名にこそ災害地名が隠されているのである。

よく知られているのが「ウシ」地名だ。動物の牛があてられていることが多いが、古語の「憂シ」から不安定な土地を意味する地名で、地すべり崩壊地や洪水氾濫地を指す他、津波常襲地につけられていることも多い代表的な災害地名といえる。全国に分布し、新宿区の「牛込(ウシゴメ)」、足立区の「牛田」、福生市の「牛浜」、春日部市の「牛島」など首都圏にも多くの例がある。

同じ「憂シ」の転訛では「ウサ」もある。「宇佐」「宇佐美」などこちらも広く全国に分布するが、処を表す接尾語の「キ(ギ)」と合わせて「ウサギ」となるケースもある。島根県出雲市大社町の「鵜鷺(ウサギ)」もこの例である。

「ウマ」は細長い谷の崩壊地を示す災害地名で、「馬」の字があてられることが多い。高知県の馬路村が代表例になる。場所により「埋」→「ウマ」を示す崩壊・洪水地名を表す場合もある。同じ馬地名では「駒」がつくものも多いが、「コマ」は込み入った小さな谷や沢を表す洪水地名で、全国に分布する「駒ヶ岳」の他、「駒込」「駒場」など都内にも多い。

「クマ」はもともと奥まって目立たない隅を表す言葉だが、地名としては地すべり地や、河川が湾曲して水が当たる部分を表すケースが多い。「熊」があてられることが多いが、「球磨川」「久万」といった例もある。

「サル」は「ズレル」の転訛のザレ・サレが変化したもので、崩れやすい場所を表す崩壊地名。地すべりが堆積した場所を示すこともある。「猿橋」「猿倉山」「猿投（サナゲ）」「猿田峠」など用例は多い。

蛇をあてることが多い「ジャ」は土砂の流出や堆積を表す崩壊地名。「蛇崩（ジャクズレ）川」「蛇喰（ジャバミ）」などがこれにあたる。

「ツル」や「カメ」はめでたいイメージがあるので縁起がいい地名と思いがちだが、いずれも災害地名であることが多い。「ツル」は「水流」で河川沿いでは洪水を、山間部では地すべりや土石流を意味する。「鶴岡」「鶴居」など「鶴」をあてる他、「都留」も同様の意味。「カメ」は亀の背のように水の中に浮く島を表すケースもあるが、多くの場合「瓶」のような形の浸食地形を、また「噛メ」から浸食地形や浸水しやすい地形を表す。「亀田」「亀山」「丸亀」など、やはり全国に見られる。

「カジカ」は河鹿や鰍があてられるが、「崩（カジ）処（カ）」で崩壊地名。山梨県の「鰍沢（カジカザワ）」や岐阜県郡上市八幡町「河鹿」などがある。

「カモ」は「カマ」から転じた、えぐり取られたような地形や低湿地の浸水地名。「鴨島」「鴨川」などの他、「美濃加茂」などもこれにあたる。

「クジラ」は古語の「挫（クジ）リ」「抉（ク）リ」が転訛した地名で、激しく浸食される地形を表す。愛媛県八幡浜市の「鯨谷」や新潟県佐渡市相川町の「稲鯨（イナクジラ）」などがある。

鳥関係では「トリ」が「取リ」から浸食されやすい場所を示す崩壊地名。「サギ」も「裂キ・割キ」から「割れる・崩れる」を意味する崩壊地名。平野部では土地を割るような洪水の痕跡を示すことが多い。新潟県長岡市「鷺巣町（サギスノマチ）」や島根県大社町の「鷺浦」、都内では中野区の「鷺宮（サギノミヤ）」などがある。「ハト」は「端（ハ）」から端の方にある不安定な場所を示す崩壊地名。「鳩ノ巣」などが該当する。

実在しない動物では「リュウ（リョウ）」がある。古語で「リョウ」は「掠」で痛めつける・奪い取るの意味があり、水害や土砂災害を示す典型的な災害地名となる。「オニ」もよく見られる地名だが、恐ろしさを鬼にたとえて使われている例が多く、多くの場合土砂災害の危険を示唆している。

このように動物名がつく地名は、多くの場合危険な地形を示唆している場合が多い。動物地名を見つけたら、周辺の地形を確かめてみるといい。決して縁起担ぎや伝説からつけられた地名でないことがわかるはずだ。

可憐な植物地名の本当の意味

梅・桜・椿・栗・杉・柿・桑・柳・胡桃・萩・萱・桂・草・菖蒲。植物の名がつけられた地名は動物地名以上に多い。地名由来を見ると、多くの場合「〇〇が生い茂っていた土地だった」「〇〇の木がそこにあった」などとなっているのだが、実際にそのとおりであるケースはじつは少ない。これは伝承地名に漢字化した際に植物名があてはめやすかったことによるもので、動物地名以上に植物地名は災害地名を暗示していることが多いのだ。植物の可憐で美しいイメージのままに地名をとらえてしまうと、思わぬ災害に巻き込まれてしまうかも知れない。

たとえば「梅田」や「梅ヶ丘」「梅里」など、春先には梅が咲き誇る可憐なイメージがないだろうか。しかし、残念ながら「梅」地名はほとんどの場合「埋」があてられるべき場所なのである。「ウメ(埋メ)」は文字どおり土砂災害や洪水で運ばれた土砂で埋まった土地を意味する。つまり、土砂災害や水害の実績があるということである。また、人工的に埋め立てた場所にもつけられている。大阪の梅田などはもともと湿地帯だった土地であり、そこを埋めた土地である。こうした土地は緩いので、地震の際の揺れが大きくなることはもちろん、液状化のリスクが高いことでも知られている。

「桜」も春を彩る、日本人にとってはイメージのいい花であるが、伝承地名では「狭(サ)」「刳(クラ)」を語源とし、山間部では狭い谷、豪雨で崩れやすい土地、平地では池があった場所や砂礫地帯を指すことが多い。「桜井」「桜」「桜町」など各地に多数ある他、「佐倉」も同義である。もちろん桜の花にあやかってつけられた地名もあるが、その場合は時代的に新しい地名であることが条件になる。

花では「椿」も美しい響きを持つが、語源は古語の「ツバエル」(戯れる・ふざける)の転訛で、浸食された崩壊地形や崖地を表すことが多い。青森県の「椿島」や徳島県阿南市の「椿町」(1990年に土砂崩れを起こしている)などがある。

埼玉県加須市菖蒲町など「菖蒲(ショウブ)」がつく地名は、細い水路や沢、田、沼、低く平らな水田地を意味し、洪水のリスクを表す。

「萩(ハギ)」はいくつかの解釈があるが、その一つが「ホキ」の転訛語である「ハキ」由来とするものだ。「ホキ」は典型的な崩壊地名で、山間部では崩れやすい崖地を表すが、河川の屈曲部の水流が当たる場所の意味もある。また「剥ギ」の転訛の場合もあり、表面がはがれ落ちるような崩壊地を示す場合がある他、「吐き」「掃き」から川の合流部や谷口など、水や土砂が集まりやすい場所を示すことも多い。「萩」「萩原」は全国に分布するが、新潟県上越市安塚町「真萩平(マコトハギダイラ)」では1995年に地すべりの被害が出ている。

「桑名」「桑田」「桑江」など「桑」がつく地名も多いが、「クワ」は崩壊しやすい河岸、集中豪雨の際に崩れやすい土地やその堆積地を表す。

「栗(クリ)」は「抉る(エグル)」が短縮されたものとされることから、浸食地が多い。崩壊しやすい崖の他、川沿いでは蛇行地形を意味しており、堤防決壊などに注意が必要。「大栗」「栗田」「栗橋」「栗山」など、全国に多数の例がある。

「柿(カキ)」は「柿の木坂」など柿の木由来説が多いのだが、地名由来としては正直動機が弱い。「欠き」「掻き」を語源と考えるのが一般的で、崩壊地や氾濫の可能性のある土地を示している。「柿生」「柿ノ木」「柿原」などの他、「大垣」などもこれにあたる。

「梨（ナシ）」は古語の「ナシル」からの転訛で、山間部の緩傾斜地に多い地名。こうした地形は多くの場合地すべり起源であることから、地下水位が高い場合が多く、大雨などの際に地すべりを起こしやすい。「梨原」「梨子（ナシ・ナシゴ）」「梨谷」などがある。

「杉（スキ・スギ）」は「鋤・鍬」が語源で土地を削る意味を持つ。地すべり性の崩壊地や河川沿いでは堤防決壊を示唆する他、「剥く（スク）」の転訛から崖地や崩壊しやすい傾斜地を示すケースもある。「杉田」「杉山」「若杉」など全国に分布する地名である。

「柳（ヤナギ）」は古語で斜面や土手を表す「ヤナ」と、処を表す接尾語の「ギ」、あるいは「ヤ」（斜面）「ナギ」（薙ぎ倒す）から浸食された河岸を表すことも。「柳」「柳津」「柳川」「柳田」などがある。

「桂（カツラ）」は海岸の低湿地や水に面した崖地形を意味する他、山中の場合は急斜面や地すべり地形である場合が多い。「桂」「桂川」「桂木」などはもちろん、「葛城」や「勝浦」も同様である。

「萱（カヤ）」は素直に萱の自生地である湿地を示すケースもあるが、山間部では過去の地崩れを示す崩壊地名だ。平坦地では河川の蛇行に伴う低湿地や入江を表す例もある。「萱島」「茅場」などの他、「栢」「加屋」なども含まれる。

「草（クサ）」は「臭し」「腐り」「糞」など、悪臭が地名化した例がある。火山性ガスや温泉地などの硫黄臭、あるいは特別な鉱物に起因することも考えられる。有名な群馬県の「草津」（温泉）、新潟県阿賀野市安田町の「草水」（油田）などがこれにあたる。また、腐食土由来の湿地や崩壊地を示す例もある。滋賀県の「草津町」はこちらだろう。鹿児島県南九州市川辺町小野字「草場」は1993年に土石流で9名の死者を出している。

一見好印象の花や樹木などの植物が入る地名も、一部を除けば植物そのものの由来よりもむしろ地形に由来する災害地名であることがほとんどだ。こうした地名を見かけたら動物地名同様、周囲の地形と照らし合わせて見ることをお勧めする。災害は土地の性質に依存して、必ず繰り返し起こるものである。その場所が居住地として適切かどうかは決してイメージでは計れない。地名に込められた先人からのメッセージを読み取るように心がけたい。

第3章

過去の災害に見る首都圏の災害地名

首都圏は災害地名の宝庫

現在では3000万人以上の人々が暮らす首都圏も、過去には数々の災害に悩まされてきた。東京が首都として発展したのは背後に広大な平野を抱えていたことが大きな地理的要因となっているが、とくに江戸の町がその範囲を広げたのは下町低地の存在が大きかった。

この下町低地が、じつは約6000年前の縄文時代には海の底であったことをご存じだろうか。この時期は最終氷期（最も近い氷河期）の後の温暖化で世界的な海面上昇のピークにあり、次ページの図にあるように、関東平野の奥まで海が入り込んでいた（海面は今より2～3メートル高かったとされる）。

もともと海の底にあった土地が陸化したのだから、地盤が軟弱なのも当たり前ということになる。陸化した部分は利根川や渡良瀬川、鬼怒川といった河川が流れ下り、氾濫を繰り返しながら現在の地形を形成して来た。現在の首都圏は洪水によってつくられた土地といってもよく、治水が進んだ現在は洪水の頻度こそ減ったものの、その性質は決して変わっていない。

こうしたことから、首都圏にも災害地名、とくに水害に関連する地名は多く残されている。それは古くからこの土地に暮らしていた人々が常に水害のリスクに向き合って来たこ

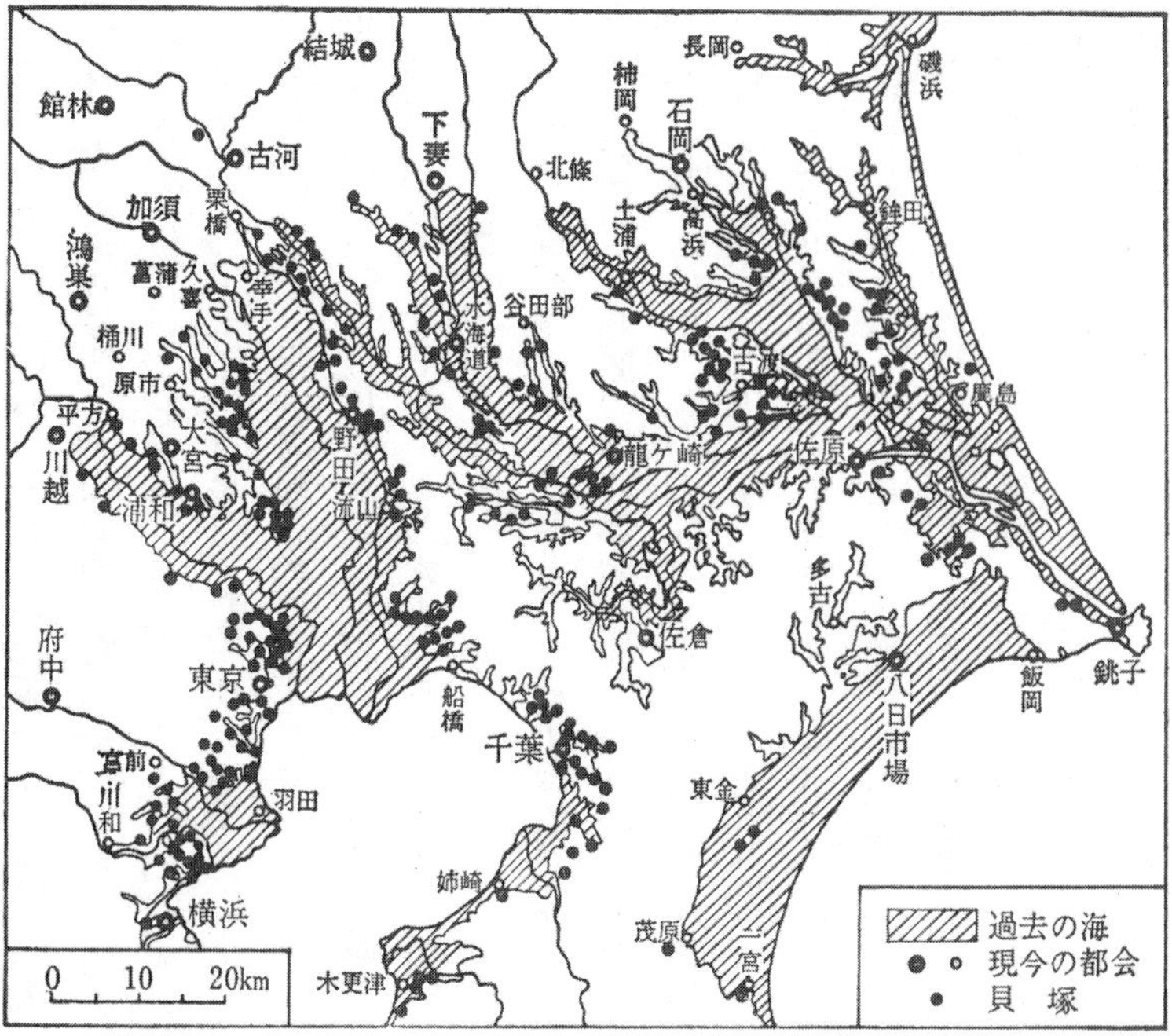

最終氷期の関東平野（関東地方の貝塚の分布とそれから推定した当時の海岸線より　東木竜七 1926）

との証明でもある。そしてその地名の由来を裏付けるかのように、水害は繰り返されてきた。多くの記録が残る明治以降だけでも、数々の水害が首都圏を襲っている。

1910年8月11日、関東大水害が発生した。房総半島をかすめた台風が各地に集中豪雨をもたらしたもので利根川水系や荒川水系では堤防が決壊するなど、多くの河川が氾濫し、関東平野に大きな被害をもたらした。

死者・行方不明者1379人、全壊・流出家屋5000戸、床上・床下浸水は51万8000戸に及び、埼玉県では県全体の24パーセントが浸水、荒川流域の入間郡古谷では水位が8・5メートルに達した。洪水は当時の東京市内にも濁流となって襲いかかり、現在の板橋区志村から北区岩淵にかけては一時水位が8・4メートルを記録するなど水浸しになっている。

洪水はさらに王子、日暮里、北千住、南千住、本所、浅草、下谷、向島、亀戸と徐々に拡大していき、結果的に現在の江東区や墨田区では全域、中央区、江戸川区、台東区、葛飾区、荒川区、足立区、北区、板橋区でも一部の地域が泥の海となり、水が引くまでには2週間を要した。そしてこの水害を契機に荒川放水路が開削されるなど、荒川では河川改修が進むことになるのである。

つまり、首都圏はそもそもそういう土地に立地しているのだ。

現在板橋区と北区の境に浮間ヶ池という池がある。休日は釣客で賑わうこの池は、河川改修の際にかつての荒川の流れが現在の堤防の外に取り残されたものだ。現在は浮間公園として整備され、周辺は住宅街となっているが、こうした旧河道が残る場所は典型的な河川の氾濫地帯であり、河川改修以前は洪水の常襲地であったことを示している。付近の住宅地に住む人々はそのことを知っているのだろうか。

この浮間公園のすぐ前にあるのが浮間舟渡駅。北区の浮間と板橋区の舟渡を合わせた合成駅名だ。浮間という地名はかつてこの地が川の中に浮いている島のように見えたことが由来とされているが、「ウキ」は泥の多い低湿地を示す典型的な水害地名でもある。明治時代の地図である迅速測図を見ると、荒川の流れは現在と異なり大きく蛇行しており、「浮間村」はその左岸（現在の埼玉県側）に位置している。

現在は陸続きにある舟渡はその当時は浮間の対岸にあった。「舟渡（フナト）」の「フナ」は土地の端を意味する「ハナ」の転訛とされ、川端の土地を示す水害地名。現在は堤防で守られているものの、数百年に一度の洪水で荒川の堤防が決壊・越水すれば浸水することになってしまう。新河岸川が溢れた場合も同様だ。この地域の洪水ハザードマップを見ると、このあたりは荒川が氾濫した場合は5メートル以上、新河岸川の氾濫でも2メートル程度の水位になる。地名はそのリスクをしっかり記録している。

ちなみに現在の住所でいう浮間と舟渡の境は浮間ヶ池も含めて、かつての荒川の流路にあたる。したがって町目境に位置する浮間舟渡駅は荒川の旧河道を埋めた上に作られていることになる。旧河道は浸水や液状化が起こりやすい土地であり、地震の際の揺れも大きいことを覚えておきたい。

浮間よりも下流に移ると、台地が南側から張り出してきて低地がやや狭まっている場所がある。ちょうどJR埼京線の北赤羽駅のあたりだが、この近くに「袋小学校」がある。住所は赤羽北だが、なぜ「袋」か。迅速測図を調べると、このあたりは旧荒川が台地にぶつかって蛇行するあたりで、地名は「袋村」になっている。「フクロ」は水のたまりやすい低湿地を表す地形で、たびたび洪水に見舞われた土地であることがわかる。

張り出した台地を越えると赤羽だ。赤羽はかつて「赤埴（アカハニ）」と呼ばれたこともあり、文字どおり赤土が多いことが由来とされているが、「アカ」は垢にも通じることから、

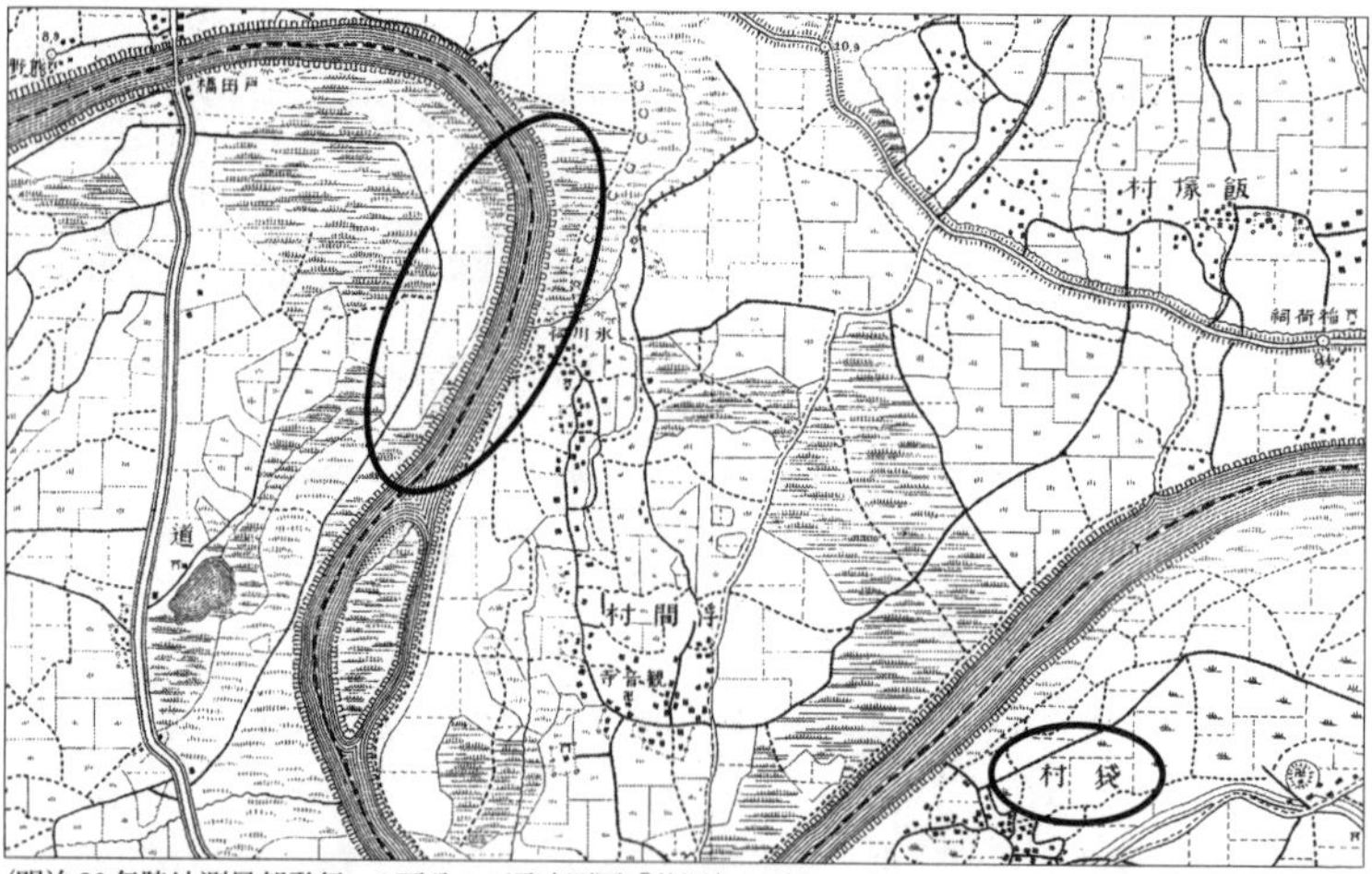

(明治20年陸地測量部発行　2万分の1迅速測図「蕨澤」より)

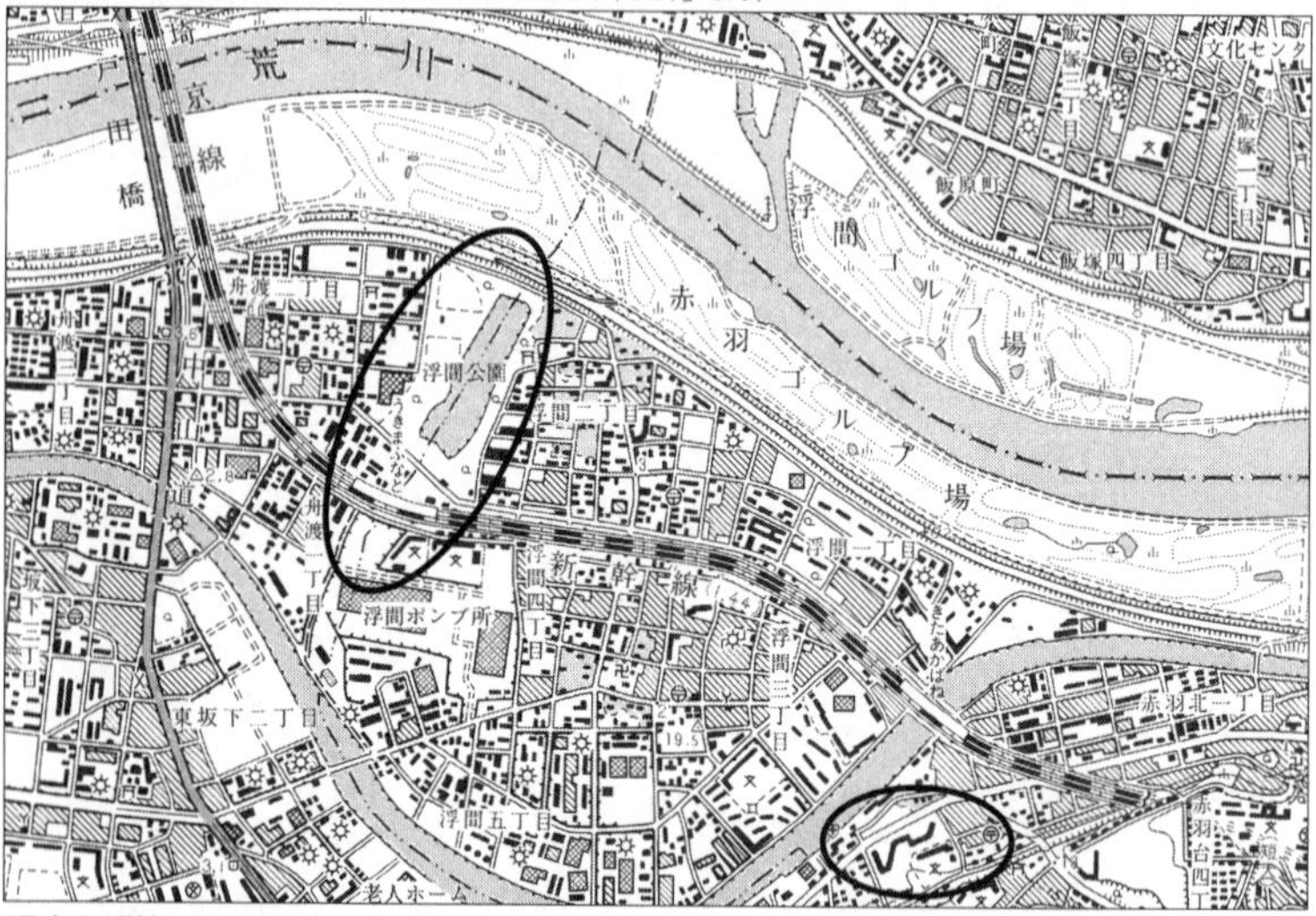

現在と明治で見る浮間と舟渡（平成13年国土地理院発行　2万5千分の1地形図「赤羽」より）
浮間ヶ池、浮間舟渡駅が旧河道上にあるのがわかる。北赤羽駅の南に袋小学校がある。

「垢がたまった土地」で低地に軟弱土が堆積した場所を表す水害地名である。その下流にある「岩淵」は荒川放水路ができた際に設置された岩淵水門が荒川と隅田川を分けていることでその名を知られている。「淵（フチ）」は水が深くよどんでいる場所を表す水害地名。岩淵水門と荒川放水路の建設が結果的にその後の東京を水害から守ることになるのだが、その想定すら上回る大水害になった場合、この地域は浸水に見舞われることになる。

かつては大雨が降れば洪水になり、川は暴れることが当たり前であった。人々はそのことを日常的に知っており、こうした土地を水田として利用しながら、自分たちはそれよりやや高い自然堤防上に住んだ。そこには洪水に悩まされた先人たちの暮らしの知恵がある。そして彼らは経験から知り得た貴重な知識を地名というメッセージで後世に残してくれているのである。

時代は流れ堤防が築かれ、大雨が降るたびに川が暴れることはなくなった。と同時に人々は先人が残したメッセージの意味も忘れてしまっている。どんな強固な堤防も破れる時はある。「堤防があるから大丈夫」という安心感こそが、東京を災害に対して脆弱な都市にしているのである。

荒川放水路の意味

東京の下町に広がるゼロメートル地帯。その名のとおり標高が満潮時の平均海水面よりも低い土地であり、当然のように洪水や高潮などの水害を受けやすい場所である。このリスクが大きい地域が150万人もの人口を抱えている。なぜこのような土地にこれほどの人が暮らすようになったのか、その変遷をたどってみよう。

現在より海面が高かった縄文時代には、東京の下町は海の底だった。その後徐々に海面は後退し、それまで海中にあった土地が沼や湿地として地上へと現れた。弥生時代には稲作の技術が持ち込まれたため、やがてこうした低湿地は水田として利用されるようになっていく。ただし人々が住んでいたのは主として自然堤防の上などの微高地だった。

平安時代には荘園が拡大、さらに鎌倉時代に入ると地頭が置かれ、未開地の開拓が徐々に進んだ。室町時代から戦国時代にかけて太田道灌が江戸を開城する段になっても、現在の下町地域は低湿地として残っており、こうした土地は物資の輸送などで通行するにもなかなか困難であった。

この当時鎌倉方面から房総へ向かうには、湿地が広がる陸上を通るよりも、三浦半島から房総半島へと船で渡ることの方が主流であったとされる。このことを示すのが房総半島における上総と下総の位置関係である。本来都に近い方が「上」となるのにも関わらず、半島の奥の方が上総、つけ根が下総となっているのは、人の流れの主流が陸路でなく海路であったことを表している。

江戸時代になり幕府が江戸に置かれると、この地域は飛躍的な発展を遂げることになる。河川の付け替えを盛んに行い、物資輸送のための舟運路を整備すると同時に、人口が増えた江戸の街を水害から守るための様々な治水対策がとられる。その一つが堤の建設だった。

幕府は洪水が江戸の街に流れ込むのを防ぐため、隅田堤と日本堤という二本の堤を建設した。堤は荒川(現隅田川)に狭窄部を設ける形で上流側に開くV字型でつくられた。これにより洪水は江戸の街へ流れ込む前に、上流部へと溢れることになる。これは上流部の水田地帯を遊水地として利用する治水の方法であり、家

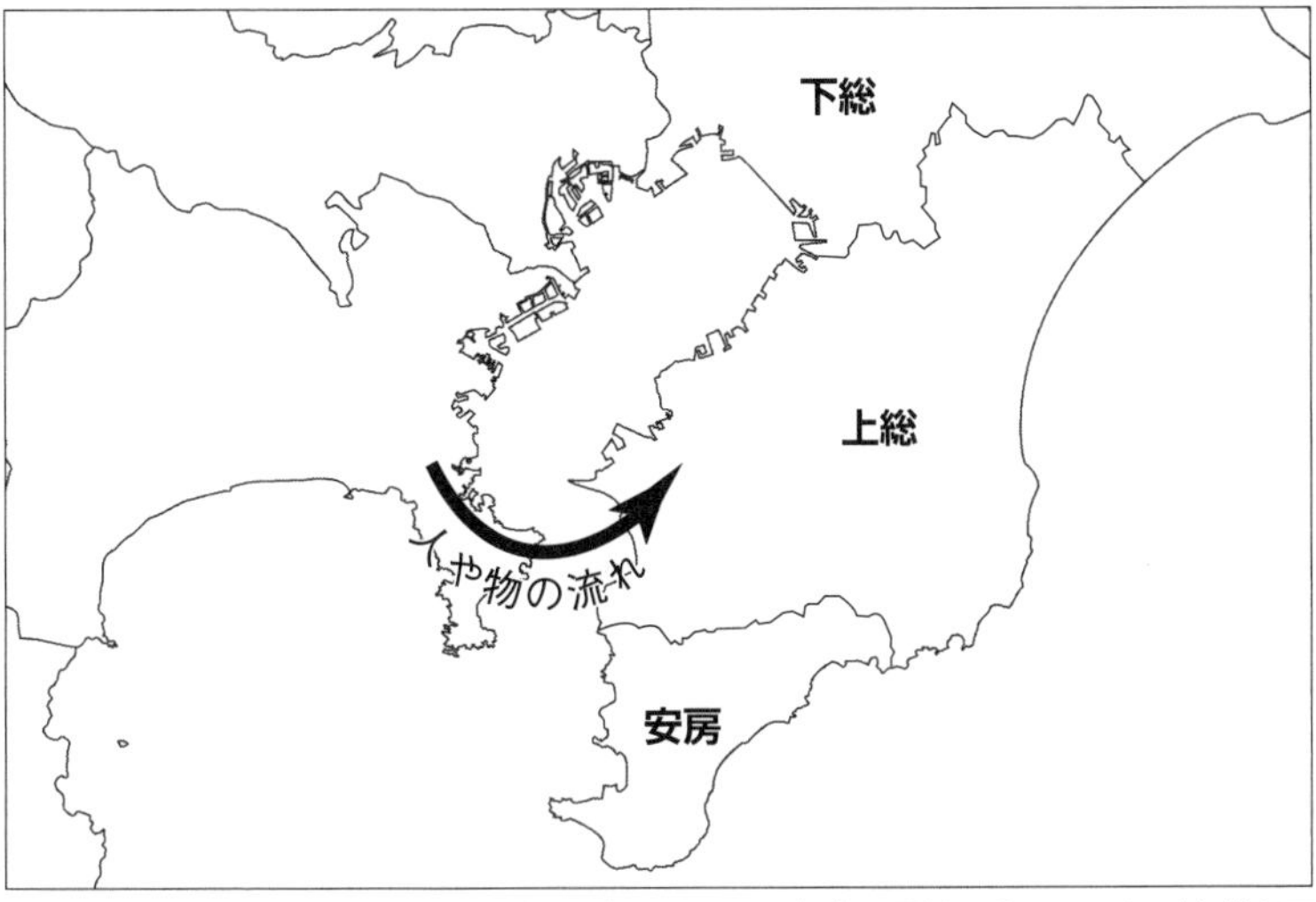

江戸時代以前の人の流れ。下町の低湿地を避けて、海路で房総へ入ったことが上総と下総にあらわれている。

屋は浸水を避けるため微高地に作られていた。

余談だが、日本堤の先には吉原遊郭があった。これは遊郭を訪れる者が堤の上を盛んに歩くことで地面を踏み固め、堤を強固にする狙いがあったとされる。遊郭が江戸の治水に貢献していたことはあまり知られていない話かも知れない。

明治期になると、殖産興業政策が推進され、それまで遊水地として使っていた地域にも多くの工場が建設された。これに伴い人口も増加したことから、従来のように遊水地に洪水を逃がすような治水はできなくなってしまった。遊水地が生活の場所になってしまったことで、それまでの（ある意味計算された）「洪水」は「水害」へと形を変えることになる。

1910年の関東大水害が埼玉や東京に大きな被害をもたらしたことで、荒川は大規模な河川改修を行うことになる。その目玉が荒川放水路の建設だった。この事業は1911年に始まり、岩淵水門から22キロメートルにわたり、幅500メートルの幅の放水路工事が行われた。

放水路建設は困難の連続だった。建設途上の1917年には東京湾台風が関東を襲い、高潮で500人以上が死亡する記録的な被害になり、工事機材や船舶が流出した。また、大正12年（1923年）の関東大震災の際にも堤防に亀裂が入ったり、橋梁が崩落したりというダメージを受けた。ようやく岩淵水門から注水が開始されたのが1924年、工事が完全に終了したのは1930年、この間30人近くの殉職者を出す難工事だった。

完成後の荒川放水路は一度も決壊していない。1947年のカスリーン台風で東京の下町は再び浸水に見舞われるが、この時も中川や大場川が決壊したものの、荒川放水路は無事だった。放水路により東京が荒川の氾濫から守られていることは事実だ。

しかし放水路を建設するにあたっての経緯を忘れてはいけない。放水路完成からまだ100年。ここまで無事だった放水路も所詮は人の作りだしたもの。必ず限界は存在する。洪水ハザードマップにおけるシミュレーションは、おおむね「200年に一度」の水害を対象としている。そしてその場合は荒川放水路でも破堤（堤防の決壊）が起こることが想定されているのだ。

もともとは水害の常襲地であった東京の下町。その歴史を知るほどに今守られているのはもしかすると偶然なのかも知れない、と気づかされる。

荒川放水路の持つ意味は、沿岸住民を守ることはもちろん、放水路に守られなければ東京の下町がひとたまりもないことを示すことでもある。そして我々は自分たちの住む土地のリスクを正しく知ることでしか自分たちを守ることはできないのである。

カスリーン台風が示した水害地名のリスク

6000年前の東京湾の海岸線は、いわゆる縄文海進により現在の利根川近くまで入り込んでいた。その時海の底にあった場所はその後陸化したものの、通行に苦慮するほどの湿地帯であった。

荒川はもちろんのことだが、現在は千葉・茨城県境を太平洋へと流れる利根川や、その支流となっている渡良瀬川も、江戸時代以前は東京湾に注いでいた河川である。これを江戸幕府が、江戸の街の洪水対策と舟運のために「東遷」と呼ばれる付け替えを行った結果が現在の流路だ。

しかし旧利根川の流路である低地ではその後も幾度となく水害が繰り返された。それでも広大な平地であり、交通の利便性も高いことから、明治以降の国土の有効利用政策により、この地域は集中的に開発が行われてきた。その過程においては経済性が優先されたため、河川の氾濫により浸水の可能性のある地域でも、多くの住宅地が開発されてきた。そして戦後間もない1947年に関東を襲ったカスリーン台風では、まさにこの低地がそっくりそのまま大水害の舞台となった。

カスリーン台風は関東北部では土石流など土砂災害を、南部では河川の氾濫による大規模な洪水をもたらし、死者1077名、行方不明者853名、負傷者1547名、住宅損壊9298棟、浸水38万4743棟、罹災者は40万人を超える甚大な被害になった。

この大水害の発端となったのは、利根川の堤防決壊だった。決壊した場所は埼玉県加須市(当時の東村付近)で、現在はカスリーン公園が整備されている。ここの地名は「新川通」。文字どおり、かつての利根川の流路を変えて人工的に直線化されたことがわかる地名だ。

このすぐ下流には渡良瀬川との合流地点があるため、流れが停滞しやすい。加えて、かつては上流部にも、あえて水を溢れさせておくための遊水地帯が豊富にあったが、川を堤防で固めてしまったことで、こうした遊水地が機能しなくなっていた。この地点が破堤したのは偶然ではない。

それまでの利根川は現在の加須市の埼玉大橋上流あたりから南下しており、現河道は旧利根川と渡良瀬川を直線的につなぐ形で建設された。旧河道は埋め立てられて加須・大利根工業団地が整備されており、現在の地名は旧河川の存在を示す「古川」、そして新造成地であることがわかる「新」地名である「新利根」となっている。旧河道を埋め立てているので地盤は悪く、水害や地震の際の揺れの増幅、液状化などのリスクを考えなければならない。少なくとも居住地としては絶対に避けたい。

そもそもこのあたりはかつて洪水のたびに川の流路が変わるような湿地帯だった。「加須（カゾ）」は「河洲」が転化した水害地名であり、「久喜（クキ）」は洪水によって形成された自然堤防を示す地名で、その背後には旧河道や後背湿地といった浸水しやすい場所があることを示唆する。「栗橋」は激しく浸食される場所を表す「クリ」と川が蛇行して水流が当たる「ハシ（端）」を組み合わせた水害地名。「幸手（サッテ）」はかつてこの地にあった「薩手が島」に由来し、この地が広大な湿地帯であったことを示している。利根川対岸にある「古河（コガ）は「クガ」の転訛した地名で、久喜と同じく自然堤防を示す。これらの地名はいずれも、この周辺が湿地帯であり、洪水により流れ出た土砂が堆積して形成された自然堤防が、微高地として島のように点々と浮かぶような景観であったことがわかる。

こうした地名は、この地域が水害と背中合わせにあったことを示唆する。記憶に新しい東日本大震災で液状化の被害を受けた久喜市の南栗橋地区もこの地域にあたり、湿地帯の沼地を造成した場所だった。

カスリーン台風では埼玉県東部の広範囲に渡って浸水が発生しているが、被災地域の大部分は水害地名が並ぶ旧利根川沿いの低地にあたっている。ここには古利根川、権現堂川、庄内古川、中川、元荒川など多くの河川や水路が網の目状に流れており、これら河川の堤防が各所で決壊したことで浸水が拡大した。洪水は東へと広がり、江戸川にまで達するが、とくに大きな被害を出したのが最初の破堤地点に近い栗橋から幸手にかけてで、水深は2メートル以上になり、この地域で多くの家屋が流失している。

この地域は「○○新田」という新田地名が多い地域でもあり、河川の改良に伴って新田開拓がされていったことがうかがえる。新田開拓は旧河道や後背湿地を利用するのが常であり、こうした土地は水田をつくる際の利水面で優れている半面、河川の氾濫のリスクが大きいため、人が住むには適していない。このような水田地は従来洪水の際の遊水地として利用されてきたため、当時人が住居を構えることはほとんどなかった。

しかし現在ではこうした場所に多くの新しい住宅が建ち並んでいる。多くの場合新興住宅地として分譲されているため、新たに転入してきた住民はこの地が本来どういう土地であったかを知らない。改良された河川は堤防で固められているため、かつてのような洪水に見舞われる回数は少ないし、そうなることの想像もつきにくい。しかし破堤した場合には最も危険な地域であることはしっかりと認識すべきである。

水害地名が分布するのは旧河川沿い　幸手～宮代～春日部

こうした地域では、古くは自然堤防上に居住地としての集落を展開していた。自然堤防は過去の河川の氾濫で、上流から運ばれた土砂が堆積した微高地で、その周辺には旧河道や後背湿地と呼ばれる低地が広がっている。洪水時にはまずこの後背湿地が浸水することになる。もちろん規模の大きな洪水になれば自然堤防さえも浸水することになるのだが、通常の出水なら家が流れるようなことはない。人々はこうした自然の振る舞いを経験的にわかっていて、リスクが最小限になるように暮らしていた。何よりも、彼らは肥沃な土地をもたらす洪水の恵みを享受していることをわかっていた。

ところが現在では河川は堤防で流れを固定されて、雨が降るたびに溢れることはなくなった。それにつれて、それまでであれば人が住まなかった旧河道や後背湿地にも住宅が建ち並ぶようになった。そこに昔の景観はない。新たにこの土地に住む人たちは、かつてそこが洪水の常襲地であったことは知る由もない。

大きな堤防に守られていたとしても、水害リスクがなくなったわけではない。100年、200年という長い時間で考えれば、堤防を越えるような、あるいは破堤するような大きな洪水も必ずあるものだ。また堤防が無事でも、内水氾濫と呼ばれる、小河川や下水、排水路などが限界を越えて雨水を排水しきれないことで起こる浸水もある。こうした場合でも水は低い場所に溜まるので、やはり旧河道や後背湿地の浸水リスクが高い。実際に住宅購入者が大雨で浸水して初めてリスクを知るケースも多い。「こんなはずじゃなかった」と後悔する話を我々は水害の度に聞いている。

カスリーン台風の被災地についても、実際の浸水範囲と地名を照らし合わせていくと多くの水害地名が含まれていることに気づく。

幸手の南側には、「杉戸(スギト)町」があるが、「スギ」は河川が氾濫しやすい低湿地を意味する水害地名。杉戸町には字名(ほとんどが合併以前のかつての村名)でも「木野川」「大島」「本島」「茨島(バラジマ)」といった川や湿地の中の島を表す地名や、「広戸沼」「目沼」「北蓮沼」などの沼地名、さらには自然堤防帯を表す「堤根」、深川が転じたと考えられる「深輪(フカワ)」など水害地名が並ぶ。

宮代町も同様で、「川端」はもちろん、「逆井(サカサイ)」は井戸を逆さにしたほど水が豊富という意味で、低湿地で水が逆流するような場所を表す地名だ。もともと宮代町は須賀村と百間村という別々の村が合併した町だが、「須賀(スカ・スガ)」は河川の蛇行部で浸食されやすい場所や氾濫原、低湿地を意味する地名である。

春日部市は両脇の大宮台地と下総台地が張り出して、上流部に比べて低地が狭くなっている場所であり、地形的に河川の氾濫が起きやすい。

実際、市内の地名を見ると、「赤沼」「飯沼」「大沼」「長沼」と沼地名が並ぶ他、「新川」「浜川戸」「牛島」「蛭田」「水角(スイカク)」など水害地名が多い。他でも「芦橋」の「アシ・ヨシ」が

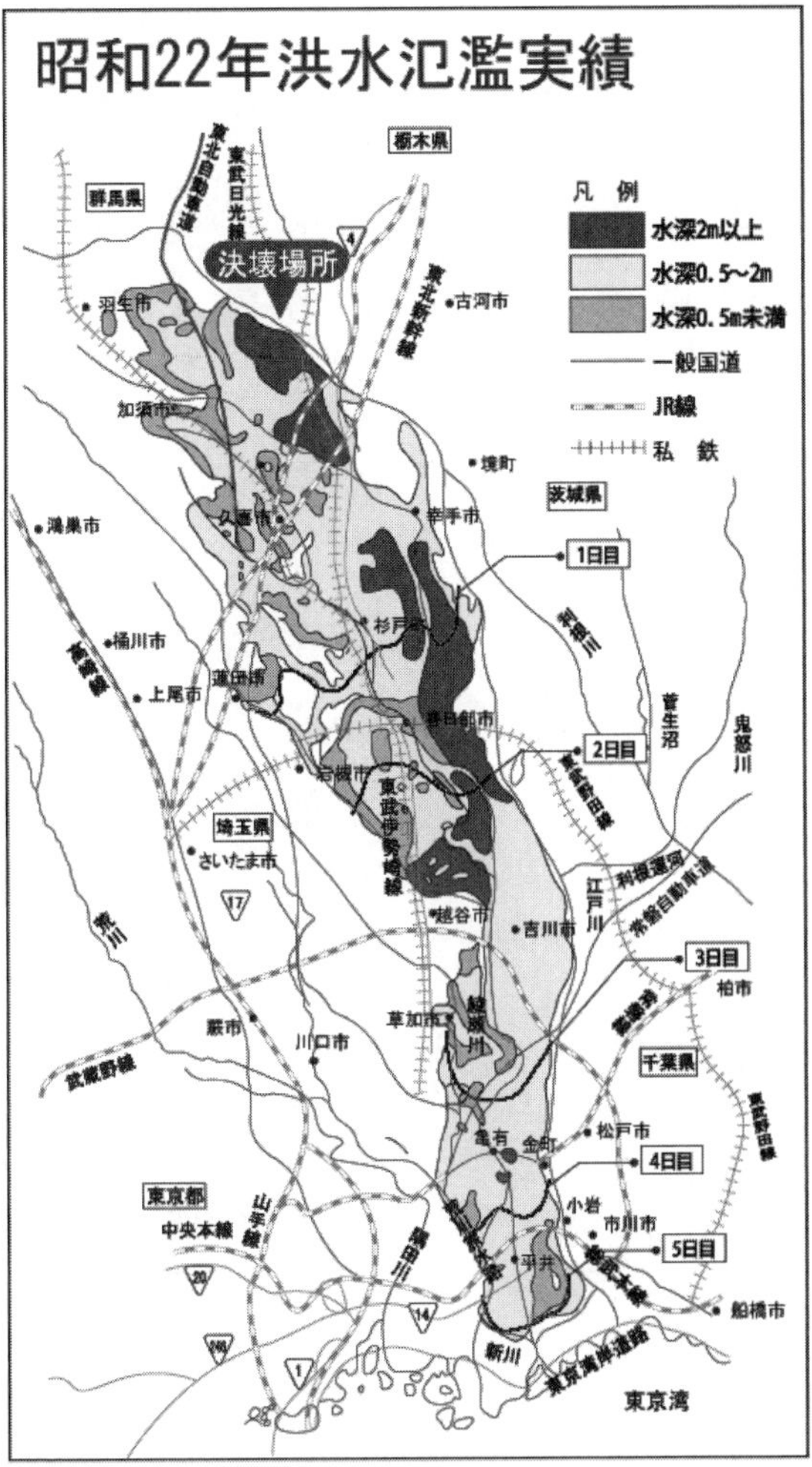

昭和 22 年カスリーン台風浸水実績図
(国土交通省利根川上流河川事務所 東村堤防決壊による浸水図)
旧利根川流域の広い範囲が浸水した。

低湿地を、「赤崎」は「アカ」が洪水時に軟弱土が堆積した低湿地を示す。「新方袋（ニイガタフクロ）」の「袋（フクロ）」は洪水時に水が溜まりやすいことを意味する地名。「小淵」はかつての利根川が深い淵を形成したことで呼ばれた「巨淵」が転じたもの。また、「樋籠（ヒロウ）」「樋堀（ヒボリ）」という地名があるが、この地域が湛水しやすく、水を流すための樋が必要であったことを示唆している。「梅田」は「埋め」が転じたもので、旧河道などを埋め立てた低湿地、「大枝」の「エダ」も川沿いの低湿地を意味する。川が海や湖、あるいは別の川に注ぐ場所を表す「銚子口」も氾濫が起こりやすい場所を表す地名だ。その他にも低湿地を中心に新田地名が広がっており、春日部が水害リスクの高い土地であったことがわかる。とくに赤崎や飯沼、備後といった地区は、周囲に比べても土地が低くなっており、洪水の際には水がたまりやすい場所なので注意が必要だ。

松伏～越谷～吉川～三郷～八潮～草加

松伏町も町の大部分が低地であり、カスリーン台風でも大きな被害を受けた。「松伏」の「ブシ」は小高い場所を示し、自然堤防上の松林からついた地名。実際に町役場のあるあたりは昔から集落があった場所で自然堤防上に位置するが、現在ではその周辺の後背湿地にもたくさんの人がその土地の性質を知らないままに住んでいる。町内には「魚沼」「大川戸」「赤岩」（「アカ」が軟弱土の堆積した低湿地を意味する）など水害地名が並ぶ。

「越谷（コシガヤ）」は「コシ」が浸食地を、「ヤ」は湿地を表す水害地名。市内でカスリーン台風による大きな被害に見舞われた大袋（現在では駅名として残る）地区は、「大袋」の「袋（フクロ）」が水のたまりやすい袋状の低地を表す水害地名。実際にこのあたりの地形を見ると、旧河道が大きく袋状に回り込んでいることがうかがえる。「花田」はもともとが「鼻田」で、川が大きく湾曲した部分が鼻のような地形になっていたことに由来する。「大沢」も大小いくつもの池沼があったことに由来し、「蒲生（ガモウ）」は低湿地や沼を示す地名だ。「中島」は旧利根川と元荒川の合流する場所で、文字どおり島のような地形を呈しており、洪水の常襲地だった。新興住宅地では多くの地名が上書きされてしまったことでわかりにくくなっているが、字名や地区名などでわずかに残っている当時の地名を見逃さないようにしたい。

吉川市の「ヨシ」は低湿地を意味する地名。江戸時代から舟運で栄えたが、反面水害には悩まされ、カスリーン台風でも大きな被害を出している。字名は「川藤」「内川」「川野」「川富」「平沼」「皿沼」「中井」「会野谷（アイノヤ）」など多くが水害地名である他、新田地名も多い。越谷との市境に位置する「須賀」は河川の蛇行部で浸食されやすい場所や氾濫原、低湿地を意味する地名。もともと川が大きく蛇行する場所に位置していたが、中川が河川改修で直線化されたため、現在では中川の対岸となっている（市界は旧河川に沿っているため）。「木売（キウリ）」はもともと川が領土の境であったことを意味する「柵浦（キウラ）」が由来。「関」は堰の意味とされる。「道庭（ドウニワ）」はもともと「ドバ」で平らな地形という意味がある。「中曽根」の「ソネ」は代表的な水害地名だ。「高久（タカヒサ）」は「タカク」から転じたとされ、

「ク」は潰れる・切れるの意味があり、堤がたびたび切れた土地を表す。

さらに下流の三郷市も中川と江戸川に挟まれた低地帯で、カスリーン台風でほぼ全域が浸水しており、湛水期間も二週間に及んだ。また、この地域は1958年の狩野川台風においても長期の湛水を記録しており、水害リスクが高い土地といえる。

三郷は早稲田・彦成・東和の三つの村の合併地名なのでそれ以上の意味は持たない。が、それぞれの地名(旧村名)を見ると、水害地名が多い。「戸ヶ崎」は「崎(サキ)」が「裂き」に通じる水害地名。また、中川に沿って「彦成」「彦糸」「彦音」「彦名」「彦川戸」「彦野」「彦倉」「彦沢」「彦江」と「彦」のつく地名が連なっているが、「彦」は「ヒク(引く)」に由来し、自然堤防が引き連なった場所であることからついた地形地名で、背後には浸水しやすい後背湿地が広がることを示唆する。

この地域は古利根川と古荒川の合流部の下流にあたることから、度重なる氾濫で自然堤防と後背湿地が発達した土地である。自然堤防はほぼ川が上流から運搬してきた土砂が氾濫により堆積すること形成されるが、本流から離れると運搬力が弱まるため、川の近くに発達する。このため、中川に沿う形でこれらの自然堤防帯が続いており、古い集落もこの自然堤防の上に位置していた。そして川から見てその自然堤防の反対側は後背湿地となり、水害の際により湛水しやすい場所であることを覚えておきたい。自然堤防地名はその場所自体も甚大な水害で浸水するが、その背後には必ず低地があり、その場所はさらに水害頻度が高いのである。「高洲」ももともとは「高須」であり、自然堤防地名だ。

「早稲田」は新米の収穫が早いことに由来するが、全国的に見ると「ワセ」は「裂（ワザ）く」あるいは「ワザワイ」が語源の災害地名であることが多い。三郷の旧早稲田村の場合は一四の村が合併した際につけられており、旧村名も「谷中」「後谷（ウシロヤ）」「小谷堀（コヤボリ）」「南蓮沼」「茂田井（モタイ）」「大広戸村」「半田（ハンタ）」「田中新田」など水や田にまつわる水害地名がほとんどだ。

八潮市も浸水に見舞われたが、「八潮」は八条村・八幡村・潮止村の合併地名。「八条」は条里制の名残とされるが、「潮止」は文字どおり水際を表し、そして「鶴ヶ曽根」「木曽根」「大曽根」の「ソネ」は典型的な水害地名。

草加市では綾瀬川の東側が浸水した。「草加」は沼地に草木を束ねて敷いた上を土で固めて道を作った「草を加えた」ことに由来するとされ、湿地が多い地域の特徴を示す。字名の「弁天」は水の神様であり、水害から守る願いが込められていることが多い。

水没した東京下町　葛飾区～足立区～江戸川区

カスリーン台風による氾濫は、埼玉県と東京都の境界にある大場川の櫻堤に阻まれていったん食い止められた。利根川の決壊から二日後のことになる。

櫻堤は大場川の小合溜井（コアイタメイ）と呼ばれる遊水地（現在の水元公園）にある堤防。ここが破堤した場合、氾濫流が東京の下町に流れ込むため、東側の江戸川の堤防を爆破することで氾濫流を江戸川に排水することが試みられたが失敗に終わる。翌朝未明、ついに櫻堤は崩れて濁流が葛飾区を浸水させた。

「葛飾」は本来現在の葛飾区よりも広い地域を指す総称で、「カツ」は河川浸食を受けやすい場所を示す「且」「割」が語源。氾濫原、低湿地を意味する「スカ」から転じた「シカ」を合わせて「カツシカ」となったとされる。

区内の地名については、「柴又（シバマタ）」は「嶋俣（シママタ）」が転訛したものであり、三角州などに見られる島状の地形を意味しているとされるが、「シバ」も冠水しやすい場所を表す水害地名だ。「水元」は前述の小合溜井が灌漑用水として利用されており、水の元であったことに由来する。「金町」は「曲（カネ）」が語源で、川の蛇行している場所を示している。「青戸」「奥戸」の「戸」は港や水門を意味する。「高砂」は典型的な後付けのおめでたいイメージ地名で、古い地名は「曲金（マガリカネ）」であり、かつてはこの地で中川が大きく蛇行していたことを示す。「カネ」は地すべりや土砂災害の痕跡を示す災害地名だが、この場合は堤防の決壊を示唆するものと考えられる。「亀有」はもともと「カメナシ」だが、「カメ」は「噛メ」に通じる浸食を受けやすい土地を意味する。「白鳥」は白鳥の飛来地に由来する沼地名であり、明治までは集落がなかった。「小菅（コスゲ）」は「スゲ」が「削り取る」を意味し、洪水が土を削り取っていく様を表している。

水害地形が並ぶ葛飾はそれまでも何度となく水害に悩まされていたが、カスリーン台風では浸水家屋5万4128棟、罹災者21万8251人という甚大な被害になった。

足立区では東部の低地が水没した。浸水が激しかった地区は「大谷田」「佐野」「綾瀬」あたり。「大谷田」はいわずもがなだが、「佐野」はもともと「佐野新田」、「綾瀬」は四か村の合併によりできた村で、もともとは「伊藤谷」「弥五郎新田」「五兵衛新田」「次郎左衛門新田」と、いずれも浸水のリスクが高い新田地名であった。

江戸川区もほぼ全域で浸水に見舞われたが、そもそも人工的に高く盛られた埋立地を除けば、区域の全域が浸水リスクを抱える低地である。

「一之江」の「江」は海・川・堀を意味する瀬水地名。「平井」も「平江（ヒラエ）」が訛ったものとされる。「鹿骨（シシホネ）」は死んだ神鹿《しんろく》を埋葬した地とされているが、「シシ」は水気の多い土地という意味もあり、江戸川の氾濫原であるこの土地が低湿地であることを表している。「篠崎」も氾濫原で、砂州上でしかも篠竹が生い茂っていた土地の意味がある。「小岩」はもともと「甲和（コウワ）」で、「カワワ」（河輪や川曲）が転訛したもの。「新堀（ニイホリ）」は文字どおり新しい用水を掘る意味で、「新田」と同義。「船堀」はもともと「船堀新田」。葛西は比較的新しく、かつての地名は「宇喜田」（現在も一部残っている）「長島」「今井」などいずれも低湿地に見られる地名だ。

最終的にカスリーン台風による浸水は、破堤した利根川から東京にまで広がり、氾濫の流下距離は60キロに達した。江戸の水害を回避するために利根川は付け替えられ、かつての氾濫原に広がっていた低湿地は新田開発が進んだ。当初人々は自然堤防上に集落を形成していたが、都市化が進むと徐々に旧河道や後背湿地にも住宅が建てられるようになってきた。そこには大きなリスクがあることをカスリーン台風の事例が示している。

破堤により流れ出た氾濫流は自然の理にしたがって、低い土地へと流れていく。それはあたかもかつての利根川の流れを再現するかのごとく、地形をなぞるように古利根川沿いを南下していった。

大量の氾濫流が流れ込んだ中小河川の堤防も次々と破れ、埼玉東部から東京都にかけての低地はほとんど浸水することとなった。氾濫流は江戸川河口から東京湾へと排水された。しかし、もともと水はけの悪い低湿地であったことに加えて、葛飾区や江戸川区の荒川沿いの地域は地盤沈下の進行で標高が海面下であり、排水はなかなか進まず、この地域では湛水期間が半月を越えた。

カスリーン台風では荒川放水路が決壊することはなかった。にもかかわらず、東京でも一部地域で浸水深が2メートルを越えた。水害が繰り返されることは歴史が証明している。カスリーン台風と同等かそれ以上の水害も100年200年といったサイクルで必ず起こるであろう。

確かに堤防などの防災対策は強化されている。それでも大雨で容量を越えれば水は溢れる。大河川を守るために水門が閉じられれば今度は中小河川や排水・下水が氾濫することは必至だ。浸水地域は地形に依存するため、過去に浸水履歴のある場所はとくに注意が必要だ。カスリーン台風の浸水地域の大部分が水害地名であったことは決して偶然ではない。

高潮に襲われる下町低地
～キティ台風が示した高潮災害のリスク

カスリーン台風からわずか2年後の1949年、キティ台風が小田原市の西に上陸する。台風はそのまま北進し、熊谷を経て柏崎から日本海へ抜けて温帯低気圧に変わった。台風の進路にあたった関東北部や新潟県の山岳部で大雨となったが、それ以上に深刻だったのが高潮の被害だった。

関東地方は台風通過が満潮時と重なったのが不運だった。東京ではA．P（荒川工事基準面）で＋3・15メートルを記録、都内の浸水は3万戸を数えた。横浜では推算潮位（潮位の予報値）から1メートル高くなり、停泊中の船舶90隻のうち26隻が沈没する被害が出た。

東京の下町や臨海部は、地表標高が満潮時の平均海水面よりも低い、いわゆるゼロメートル地帯が広がっており、河川の氾濫ばかりでなく、高潮に対しても脆弱だ。2010年に中央防災会議の「大規模水害対策に関する専門調査会」が、東京湾を巨大台風が直撃した場合の高潮による被害想定を公表したが、死者約7600人と国内最悪の高潮被害であった1959年の伊勢湾台風をも上回る数字となっている。

東京で高潮の被害が最も大きいと予想されるのが、ゼロメートル地帯の広がる下町低地、江東区・墨田区・江戸川区あたりということになる。実際にキティ台風の際にも、この地域には大きな被害が出ており、高潮が河川や水路を遡上して堤防や護岸を破壊して氾濫したことで浸水域が広がっていった。2011年の東日本大震災でも津波が河川に沿って内陸まで遡上した例も同様で、海岸部の防潮堤を強化しただけでは抜本的な対策にならない。また、同じく東日本大震災の際に、東京湾岸でもいくつかの水門が稼働せず閉まらなかったことが報告されており、現在のインフラの運用状況が高潮に対して完全でないことはしっかりと認識しておく必要がある。

キティ台風でとくに被害が大きかったのが江東区と墨田区で、江東区では区のほぼ全域が浸水した。江東区はもともと隅田川や中川の三角州地帯で全域が低地であり、南側の大部分が江戸期以降の埋立地である。地下水位が高く地盤も軟弱な土地が広がっている。

元来人が住まない湿地であったことから、地名は新田開発以降の新しいものが多く、いわゆる伝承地名は少ない。しかし行政地名であっても、災害リスクを示す地名はそこここに見られる。例えば比較的新しい埋立地を見てみると、「青海」「有明」「潮見」「東雲」「東陽」「豊洲」「夢の島」「若洲」など語感のいいイメージ地名が並んでいる。これらの地域は、いわゆるウォーターフロントとして一九八〇年代のバブル期以降に発展を遂げた地域であり、地名ばかりでなく非常に美しく整備された街で人気が高いが、イメージ地名に様々な災害リスクがあることは東日本大震災で学んだばかりだ。

比較的古くからある地名では、「亀戸」がかつて海の中に浮かぶ孤島で、その姿が亀に似ていることから「亀島」と呼ばれ、後に「亀村」→「亀井戸」→「亀戸」と転じたのが由来とされる。伝承地名としては「カメ」は「噛メ」に通じ、浸食されやすい場所を示す低湿地の水害地名だ。

「大島」は江戸期に開発された地域で、低湿地の中の比較的大きな島であったことによる。明治期に周辺の村が合併して大島村となったが、迅速測図を見ると亀戸や深川、本所、六間掘の出村（飛地）となっていたことから、いわゆる新田地帯であったことがわかる。

亀島や大島の他にも、江戸期の江東区には「永代島」や「宝六島」（現在の砂町あたり）など小島であったことを表す地名が多い。「砂町」は江戸時代の新田開発によって生まれた「砂村新田」にさかのぼる。迅速測図を見ると江東区は本所や深川以外はほぼ全域が新田地帯であり、低湿な土地を江戸期以降に開拓した様子が表れている。

墨田区も隅田川の下流に広がる低地と自然堤防から成り立っている。キティ台風による高潮では、自然堤防上は比較的被害が少なかったが、低地は大部分が浸水している。

地名も隅田川にちなんだ水害地名が多い。「鐘ヶ淵」（現在の墨田あたり）は隅田川の流路が大きく蛇行して大工の使う指金の形に似ていたこと由来しているとされるが、伝承地名では「カネ」は土砂災害の痕跡をしめすことから、破堤しやすい場所を表していると解釈するのが自然だ。その鐘ヶ淵がある「墨田」（元は「隅田」）は「スダ」（須田・洲田・砂田）に通じ、鐘ヶ淵で隅田川が大きく蛇行することで、その外側に土砂が堆積して形成された自然堤防を表している。「石原」は隅田川に沿った砂礫の多い土地であったことからついた地名。

「押上」は土砂が押し上げられて堆積したことからついた地名とされる。確かに、土地条件図の地形分類を見ると、ちょうど自然堤防上に位置している。また、下町には珍しく、「緑」「太平」「千歳」「八広」といったおめでたい地名が多いが、これらはいわゆるイメージ地名である。イメージ地名は往々にして古い災害地名を上書きしていることが多く、実際に「緑」は1894年の東京湾北部地震と1923年の関東大震災の際に液状化履歴がある軟弱地盤である。

荒川区では現在の南千住、「町屋」あたりが浸水している。南千住は隅田川を挟んで鐘ヶ淵の向かい側であり、川が大きく蛇行する内側に位置している。明治42年の地図を見ると、ちょうどこの辺りの地名は「塩入」となっており、対岸への渡しがあったことが記されている。「塩入」はかつて満潮の際に汐が入ってきていた低湿地を示す水害地名だ。「町屋」は「真土谷（マツチヤ）」が転じたとされ、土器を作る粘土が採れた谷。明治期にはこの周辺は三河島村であり「三河島」は三つの川に囲まれた島（中州）の意味がある水害地名だ。

キティ台風は東京においては高潮による災害が主で、臨海地域だけでなく、川を遡上する形で浸水が広がった。東京の下町に広がる低湿地は河川の氾濫ばかりでなく、高潮についても十分な注意が必要であり、これは津波についても同様と考えていい。

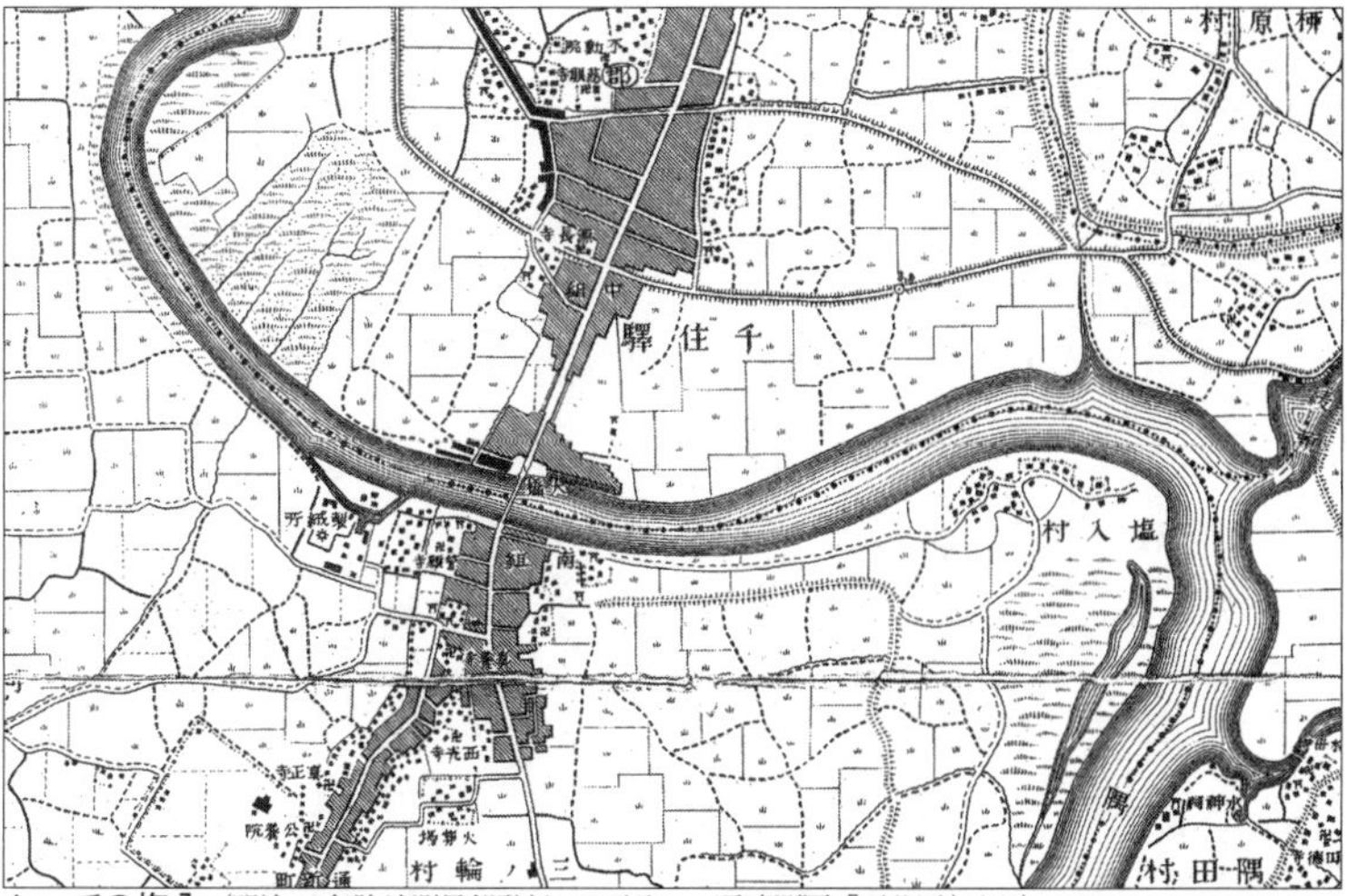

かつての塩入（明治20年陸地測量部発行　2万分の1迅速測図「下谷區」より）

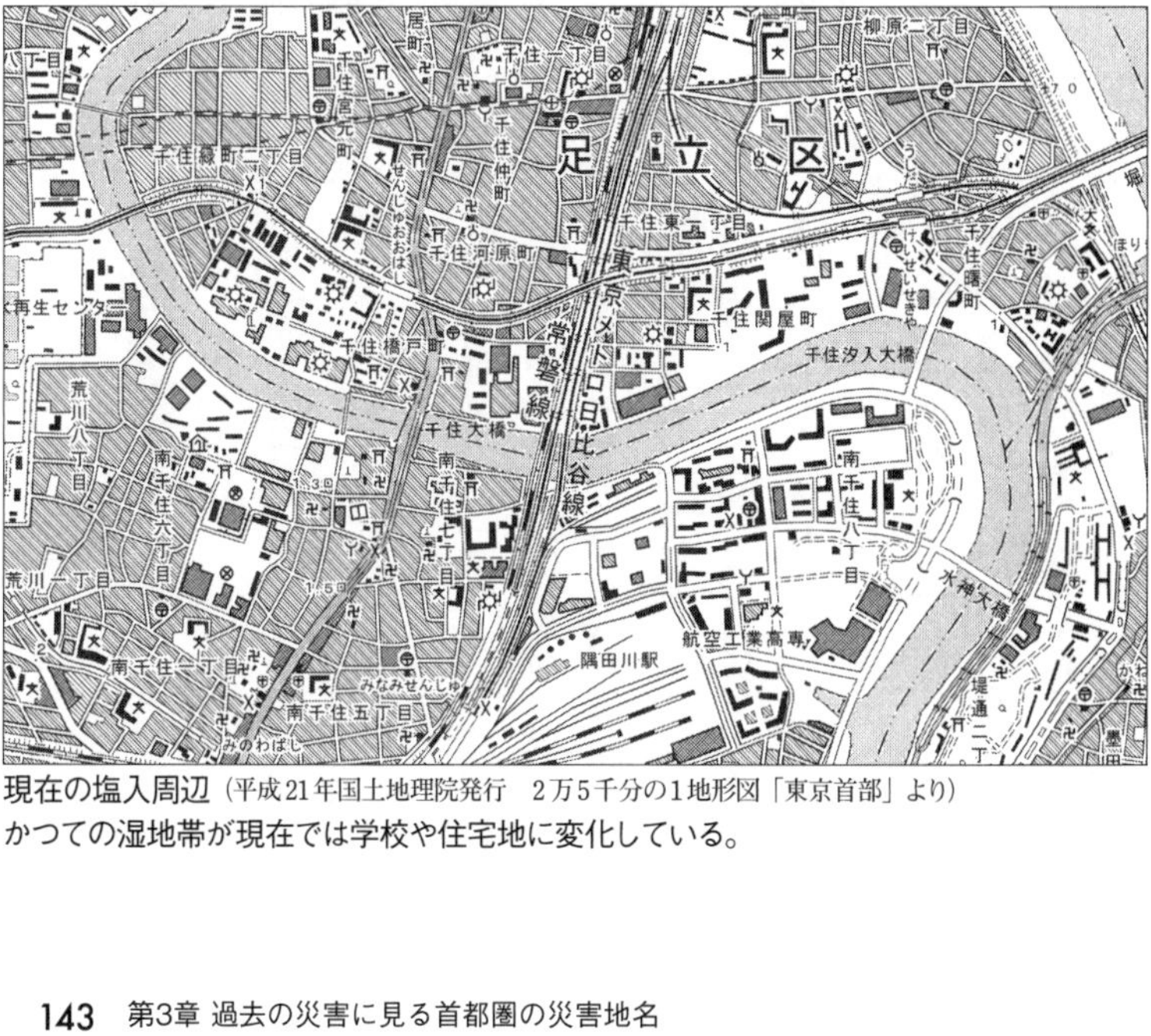

現在の塩入周辺（平成21年国土地理院発行　2万5千分の1地形図「東京首部」より）
かつての湿地帯が現在では学校や住宅地に変化している。

台地の上も浸水する
～ゲリラ豪雨で生きる狩野川台風の教訓

ここまで見て来たように、かつて海の底にあった下町低地が水害に対して脆弱であることは東京の大きな弱点でもある。しかし低地以外で水害が起こらないのかといえば、決してそんなことはない。

１９８５年、関東地方を襲った狩野川台風は、いわゆる下町低地だけでなく、多摩川低地、さらには山の手台地も含めた広範囲に浸水被害をもたらした。狩野川台風は一時気圧が８７７ミリバール（現在の単位はヘクトパスカル）にまで発達、アメリカの飛行機観測では中心付近の最大風速が１００メートルに達し、日本に接近するころには衰えたものの、折から停滞していた秋雨前線を刺激して東日本は記録的豪雨になった。この台風で大きな被害を受けたのはこの台風の名称が物語るように伊豆半島であるが、それに次いだのが東京・横浜など南関東だった。

東京都では、26日の雨量が３９２・５ミリメートルという気象庁開設以来最大の値となった。死者・行方不明者は46人、浸水家屋数は約33万戸に達し、足立区・墨田区、葛飾区、江東区、江戸川区、さらには台東区や荒川区、北区、板橋区の下町低地にあたる地域はもちろん、従来水害には強いとされていた山の手台地もこれに含まれている。

多摩川が氾濫しなくても浸水する多摩川低地

大田区では、多摩川低地で被害が広がった。大田区の地形は大まかに北西部が武蔵野台地、南東部が多摩川下流の三角州性の低地になっている。もともと多摩川は暴れ川として知られ、幾度となく氾濫を繰り返してきた。流域に災害地名が多く残されていることも、過去の氾濫の歴史を物語っている。そして北西部の台地を刻む呑川に沿っては谷底低地が形成されている。狩野川台風による浸水は多摩川の氾濫によるものでなく、呑川・内川・丸子川といった台地の谷底を流れる中小河川の氾濫によるものだ。氾濫した水はより低い場所を求めて、多摩川低地を冠水させたのである。

大田区の多摩川低地は水害地名が並ぶ。「蒲田」の「カマ」は「噛マ」に通じ、浸食を受けやすい場所や水のたまりやすい場所を示す地名。「糀谷（コウジヤ）」は「荒地谷」が転じたものとされ、呑川河口の湿地帯を開墾したことに由来する。「萩中」も「ハギ」は「剥ぎ」に通じ、水流に浸食されやすい湿地帯を意味する。「石川町」は呑川の古称である「石川」から。「千鳥」はもともと「千鳥窪」と呼ばれ、「クボ」が凹地を表す水害地名。「池上」はもともと「池亀」で、「カメ」は浸食されやすい湿地帯を意味する。「鵜の木」は鵜の集まる森（島）があったことに由来し、「雪谷」の「ユキ」は崩壊地名で、崩れやすい谷を表している。

高級住宅地で名高い「田園調布」はもともとこの辺りにあった「調布村」から命名され、古代税制の「租は庸調」の一つである「調」（ツキ）に由来する。朝廷に布を作って納めており、水を使用することから「調布」という地名は必ず水辺に立地するのだが、高級住宅地として名高い田園調布はなぜか台地の上を指す。「羽田」は諸説あるが、海に接する場所を意味する「ハニ」の転訛が有力。「馬込」は牧場を意味する地名で、台地の縁に囲まれた低地が牧の役目を果たしていたことによる。「矢口（ヤグチ）」はもともと「谷口」で谷の入り口の湿地を意味する。「六郷」は上流六郷の流れが合わさることからこの辺りの多摩川を「六郷川」と呼んだことに由来する。

なぜ山の手台地が浸水するのか

東京では、東部に広がるゼロメートル地帯をはじめとした下町低地が繰り返し大きな水害を受けてきたのに対して、西部の山の手台地（武蔵野台地）は比較的標高が高く、地盤もいいことから災害に強い地域と考えられてきた。しかし狩野川台風では世田谷区、杉並区、中野区など、武蔵野台地上においても浸水被害が多発することになる。

確かに、自然的素因として台地上は低地に比べれば水害を受けにくい条件にある。しかし台地上にもいくつかの中小河川が流れることで谷が形成されており、周囲に比べて低い土地がある。こうした「標高は高いが、周囲に比べて低い」土地は、大量の雨が降って川が溢れた場合などには水が集まりやすい。さらにこうした中小河川は大きな排水容量を持たないため、大雨の場合短時間で出水するケースが多い。

また、山の手台地は急速に進んだ市街地化により、それまで遊水地の役割を担っていた場所が宅地化され、大量の雨水を一時的に貯水しておくことができなくなった。また、水路が暗渠化されたことや、アスファルト化が進み、雨水が地中にゆっくり浸透することができなくなったことで、雨水の行き場がなくなり、台地上でも相対的に低い場所へ集中的に流れるようになってしまった。災害には自然的素因だけでなく、こうした社会的素因も大きな影響を与える。

昨今問題になっている都市型の集中豪雨（いわゆるゲリラ豪雨）などでは、短時間に大量の降雨があるため、下町低地以上に山の手台地での浸水リスクが高い。行政でも地下に遊水池を設けたり、下水管を大きくすることで排水容量を増やすなど、様々な対策を打っており、以前に比べれば改善が進んできている。しかしそれでも容量を越えてしまえば、水は「低い場所を求めて流れる」という原則にしたがって、台地の中の谷や窪地を浸水させる。思い出してみてほしい。テレビのニュースなどでゲリラ豪雨により浸水した町中の映像が映し出される時、たいがいは渋谷や麻布十番など「台地の中の谷や窪地」であることが多いはずだ。狩野川台風における浸水地域を見ていくと、やはりこうした地域が該当する。

じつは水害常襲地だった杉並区

まずは杉並区についてみてみよう。水害履歴を見ると、区内はほぼ毎年のように浸水に見舞われている。常襲地は堀ノ内、和田が目立ち、その他では阿佐ヶ谷、荻窪、和泉、高井戸、久我山といった地名が挙がる。杉並区は台地の中を、妙正寺川・井草川・桃園川・善福寺川・神田川が形成した谷が樹枝状に分布する地形になっており、神田川を除いて、水源も杉並区内にある。堀ノ内・和田・荻窪は善福寺川の谷に、和泉・高井戸・久我山は神田川の谷に、阿佐ヶ谷は桃園川の谷に該当する地域だ。

地図を見ると、谷に沿う形で水害地名が分布していることがわかる。最も北側にあるのが妙正寺川とその支流である井草川の流れる谷だ。「井草（イグサ）」は湿地を意味する水害地名だ。ちなみに「井荻（イオギ）」は井草と荻窪の合成地名なので地名としての意味はない。なお、井草川は現在では完全に暗渠化されており、河道上は一部遊歩道として整備されている。暗渠化されたことで川が見えず、谷地であることに気付きにくいが、大雨が降れば水がたまることに変わりはない。

桃園川の谷に位置することを示す地名が「阿佐ヶ谷（アサガヤ）」で、低湿地を表す「浅ヶ谷」が由来。また、「天沼（アマヌマ）」は雨が降ると水たまりになる「雨沼」から。かつては桃園川の水源となる弁天池があった場所だが、現在では埋め立てられて公園となっている。

善福寺川は区の西端にある善福寺池（善福寺公園）を水源として、大きく蛇行しながら谷を形成している。「荻窪（オギクボ）」は「クボ」が凹地や谷地を表す水害地名。「和田」は鎌倉時代に和田義盛の館に由来するとの伝承があるが、「ワダ」は地形が示す通り川の湾曲部の氾濫しやすい場所を示す水害地名だ。「堀ノ内」は本来武士の館を示すが、それを裏付ける資料は発見されておらず、由来は不明とされている。古い地図を眺めると、旧堀ノ内村（現在の妙法寺門前あたり）はちょうど三方向を谷に囲まれる形で位置しており、これらの谷を堀に見立てれば地形的に「堀ノ内」であったことになる。ただし、現在の堀ノ内は善福寺川の谷やその対岸をも含む地域となっており、谷沿いは水害の常襲地である。なお、現在の善福寺川沿いには、善福寺川緑地や和田堀公園など、川沿いに多くの公園や運動場が分布しているが、これらの施設は洪水の際に機能する遊水地としての役割も持っている。

神田川は井の頭公園を水源として杉並区南部に谷を刻んでいる。「久我山」は「クガ」が「空閑」もしくは「陸」で新開地の意味とされ、山があるわけではない。本来の久我山は人見街道に沿った現在の久我山三丁目あたりを指したが、現在は、町域が広がったことで神田川の谷をも含んでしまっており、水が出るのはこの谷の部分で、久我山駅などが含まれる。「和泉」は戦国期には「泉村」で湧水にちなむ地名で「高井戸」も同様。

間違いやすいのが今川と梅里で、「今川」は桶狭間で破れた今川義元の子孫が後に徳川幕府の高家となりこの周辺を知行としたことにちなみ、実際に今川は谷地には位置していない。また「梅里」も「ウメ」(埋め)なら本来水害地名だが、ここは昭和43年に新住居表示を実施した際に創作された新しい地名なので該当しない。

神田川に悩まされた中野区と新宿区

中野区も杉並区とよく似ており、台地の中に妙正寺川や桃園川、善福寺川、神田川の谷が刻まれる地形になっている。ただし、杉並区と異なるのは、これらの河川の谷底低地が広いこと。こうした場所は地盤が軟弱で、浸水のリスクも高い。

狩野川台風以降も何度となく浸水被害を受け、東京都でも対策を講じてきた。しかし平成17年9月に発生した都市型集中豪雨（いわゆるゲリラ豪雨）では妙正寺川や善福寺川などの谷底低地が水害に見舞われ、区内で床上床下合わせて1526件が浸水する被害が出ている。

ところが、中野区には災害地名が少ない。というのも、多くの町名が新住居表示実施に伴いつけられた新しい地名だからだ。

「江古田（エゴタ）」は水辺を表す「江」（中新井川）の側に古田（江戸時代以前に開墾された田畑）があったことに由来する。中新井川（江古田川ともいう）は妙正寺川の支流で、上流は暗渠化されており、開渠部も普段は幅数十センチという小さな川だが、降雨時には大きく増水する。このため1986年には北江古田調整池が建設され、洪水の際はオーバーフローした水を取り込んで貯水することが可能になった。しかし2005年の豪雨では貯水容量をオーバーして江古田では214件が浸水した。どれだけインフラの整備が進んだとしても、その容量には限界がある。一度限界を越えれば水は低い場所へと流れていく。土地の性質は変わらないのである。

「沼袋」は「沼」はもちろん、「袋」も河川が蛇行して水のたまりやすい袋状の場所を示す水害地名。実際に地図を見ると妙正寺川が大きく蛇行しているのがわかる。現在の沼袋は妙正寺川の北側を指しているが、明治期の地図を見ると川の南側も「上沼袋」となっている（北側は「下沼袋」）。

瀬水地名と逆に台地を示す地名としては「上高田」がある。「高畑」が転じて「高田」となったもので高台の農耕地を示す。ただし、現在の町域は南側に妙正寺川支流の小さな谷を含んでおり、この谷筋は豪雨の際には浸水のリスクがある。

東中野駅は1916年までは柏木駅という名称だった。「柏木」は東中野駅から見て神田川の対岸、現在の北新宿にあった村名で、現在でも小学校やマンション名などで名残をとどめる。「カシハキ」の「ハキ」は「吐き」に通じ、川の合流部などで氾濫地点になりやすい場所を指す。実際に柏木は神田川と桃園川の合流地点にあたる場所である。

妙正寺川の対岸、現在の新宿区西落合にあたる地域はかつて葛ヶ谷村だった。「葛ヶ谷」は植物地名にも見えるが、「クヅ」れる(崩・頽)を語源にする崩壊地名で、台地と谷底低地の境を表している。

神田川と妙正寺川が合流する場所が文字どおり「落合(オチアイ)」である。かつて落合は大雨のたびに氾濫を起こす水害常襲地だったが、現在では流路が改良されて妙正寺川は落合で合流せず、暗渠となって新目白通りの下を流れ、明治通りと交わる高田橋付近で合流する形となっている。さらに、環状七号線の地下に巨大な調整池を建設し、神田川・善福寺川・妙正寺川からの取水を行うなど、大雨対策のインフラも徐々に整いつつある。しかし、2005年の集中豪雨でやはり中井など落合周辺は浸水に見舞われており、インフラの想定を越えてしまえば水害になりやすい土地である。

落合から神田川の対岸にあたる高田馬場はかつての戸塚村。「戸塚」の由来は、昔洪水の際に「戸」をもって支えたようにと水害を免れたことによるとされるが、逆に江戸の町を洪水から守るために、神田川沿いに広がる低湿地を遊水地として見立てていた可能性が高い。実際に、戸塚村時代の字名を見ると「久保田」「宮田」「清水川」など水害地名が並ぶ。

「早稲田」の「ワセ」は「裂（ワザ）く」が語源で破堤や洪水を示唆する水害地名。「鶴巻」の「ツル」は「水流」で、川の流れが渦を巻いていた様子を表す地名。その対岸にある文京区の「関口（セキグチ）」は神田上水を神田川に分流するための堰があったことに由来する。いずれも水害地名になる。

「大久保」は大きな窪地からついた地名で、ここから蟹川が流れ出し、現在の歌舞伎町から戸山を抜けて神田川に合流する。その「戸山」はかつての「和田戸山村」であり、川の湾曲部を意味する水害地名の「ワダ」が大正時代に合併した際に消えてしまった。実際に、歌舞伎町から流れ出た蟹川が、大きく北へ曲がる場所に戸山は位置している。

「市谷」は台地の一つ目の谷であったことに由来する。その谷を利用して江戸城の外堀が作られた。いっぽう同じ谷でも、四谷は谷を意味しない。「四谷」はもともと「四ツ家（屋）」が転化したもので、現在は外堀があることで谷のように認識しがちだが、四谷の部分の外堀は開削したもので、実際の四谷は台地の上に位置している。

牛込にある「築地町」は中央区の築地と同様に埋立造成地を示す地名で、江戸時代に牛込村にあった白鳥池を埋め立てて町屋としたことに由来する。埋立であることから地盤は良くない。

谷底低地に水害地名が並ぶ世田谷区

世田谷区も台地上にありながら、狩野川台風で浸水被害が出た地域である。世田谷区は武蔵野台地の南縁にあたり、南側を流れる多摩川沿いに沖積低地がある以外、大部分が台地上にある。烏山川・北沢川・呑川・矢沢川・谷戸川・仙川・野川といった中小河川が台地に谷を刻んでいる。浸水被害が出るのはこうした谷底低地だ。

「赤堤」はもともと赤堤村。東急世田谷線に沿う赤堤川（北沢川の支流）にちなむ地名で、かつてこの地に砦があり、低地に防御と防水を兼ねた土塁が築かれており、その堤が赤土だったことに由来するとされるが、「アカ」は軟弱土がたまった低湿地、ぬかるみなどを意味する。「梅ヶ丘」は北沢川の谷底低地に位置しており、「ウメ」（埋め）から埋土地を連想するが、実際には昭和になってからつけられた新しい地名で、小田急の梅ヶ丘駅を誘致した土地の有力者の家紋が梅鉢だったことに由来する。かつては「北沢窪」と呼ばれた場所で、低湿地であることには変わりない。

「上北沢」「下北沢」は文字どおり北沢川に由来する。明治期の地図では湿地帯であったことが見てとれる。「代田」は多摩地方に多い、ダイダラボッチの足跡が水源になったとする伝承による伝説そのものは由来として怪しいが、低湿な窪地という意味では間違っていないだろう。「代沢」は代田と下北沢の合成地名なので地名としての意味は持たない。

「池尻」は烏山川と北沢川が合流して目黒川となる沼沢地帯に位置する。かつて蛇池や龍池と呼ばれる池があり、「尻」とはその池の出口を意味する。池の位置は国道246号の大橋から烏山川と北沢川の合流部にかけての池尻3丁目の低地部と推測されるが、こうした場所は地盤が悪く、ゲリラ豪雨などの際に浸水しやすいので注意が必要だ。

「世田谷」はもともと「瀬田萱・瀬田ヶ谷(セタガヤ)」で、瀬田の谷地を示す地名だが、現在の町域は台地上となっている。元来は烏山川の谷底低地を指していた地名。「船橋」も烏山川の谷底低地に位置するが、かつてここに大きな池があり、舟を繋いで渡ったことに由来する地名。「千歳台」は新しい地名でかつては「廻沢」と呼ばれており、現在もバス停名として名を残している。「廻沢」は渦巻く湧水の意味で、丸子川の支流である谷戸川がこの湧水を源流にしていることにちなむ。

蛇崩川は目黒川の支流で、その名のとおり過去に大水が出て崩壊したことからついた名称。現在の目黒区上目黒にかつて「蛇崩」という地名もあった。蛇崩川は馬曳沢ともいわれ、「上馬」「下馬」の地名はもともと「上馬引沢」「下馬引沢」だったものが省略されて生まれた。世田谷には馬にまつわる伝承が多く(馬引沢も源頼朝が馬を引いて渡ったことからついた地名とされる)、上馬には駒留神社、下馬には駒繋神社が存在する。「駒」という地名があるが、これは同じ都内の「駒込」や「駒場」にもいえるのだが、「コマ」は込み入った小さな谷や沢を示す瀬水地名。また、「ウマ」は「埋」から崖地を示す崩壊地名で「ヒキ」は低い場所や沢を意味することから、「馬引沢」は頼朝伝説よりも、崖のある沢に由来すると考えるのが自然だろう。「野沢」は開拓者の名前を合わせたもので水害地名ではなく台地上に位置する。

駒沢は合併によりできた地名で「駒沢」という沢はない。「鶴巻」の「ツル」は「水流」を意味しており、低湿地を示す水害地名。

呑川の谷底低地では、呑川支流の九品仏（クホンブツ）川の奥深い沢を意味する「奥沢」や、やはり呑川上流の奥深い沢を意味する「深沢」が水害地名だ。また、「等々力（トドロキ）」は矢沢川の不動の滝の瀑音が「轟く」ことに由来する。仙川の谷底低地では「祖師谷」が谷の存在を示す水害地名。

多摩川低地の水害地名では「鎌田」「砧（キヌタ）」「宇奈根」がある。「鎌田」は浸食を受けやすい湿地を意味する「カマタ」から。かつては仙川、野川が多摩川に合流していた場所にあたり、氾濫地点になりやすい。「砧」は「キヌ（絹）」が転じたとされ、租庸調の布を作ったことに由来する。布づくりには水が必要であることから水辺を示す地名である。

「宇奈根」の由来は諸説あるが、「ウナネ」は首根っこのことで、かつて多摩川に首根っこのように突き出た地形であったことからついたとする考え方が有力。もっとも、多摩川は洪水のたびに流路を変えており、その名残として、現在では川の対岸にあたる川崎市高津区にも同じ「宇奈根」という地名がある。これは多摩川が流路を変えたことで当時の宇奈根を二つに裂いたことによる。なお、古い地図を見ると現在の宇奈根と喜多見の間をまさに首根っこ状に突き出す形で多摩川が流れていたことが推測できることから、もともと宇奈根は対岸にあった可能性が高い。このように川の両岸に同じ地名があるのは河川が流路を変えている証であり、洪水が起こりやすい場所であることを示している。

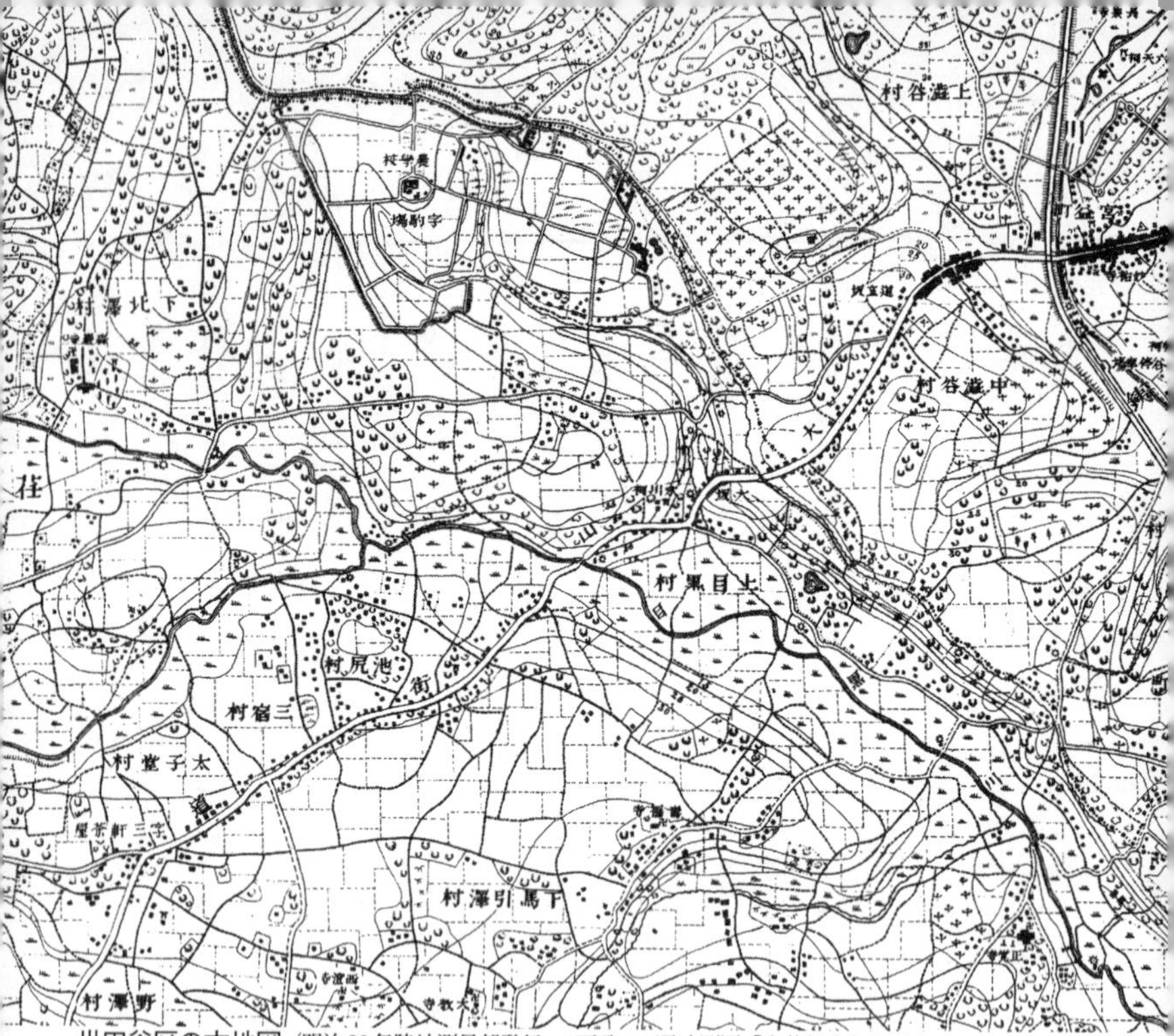

世田谷区の古地図（明治30年陸地測量部発行　2万分の1迅速測図「内藤新宿」より）
幾筋もの川が流れ、集落は街道沿いなどに点在している。

「野毛」は崖を意味する「ノゲ」からで、台地と多摩川低地を分ける段丘崖に由来する崩壊地名。「喜多見」も階段や河岸段丘、自然堤防を意味する「キダ」が由来であると考えれば、やはり段丘崖を示す崩壊地名ということになる。

　古い地図と新しい地図を見比べると、世田谷区では河川を暗渠化して埋め立てた場所の多くは緑道となっているが、周辺の湿地も含めて、普通に住宅地や学校、病院などとして利用されているケースも多い。こうした場所は水害リスクばかりでなく、地震の際に揺れが増幅されやすいこ

世田谷区の現在の地図（平成15年国土地理院発行　2万5千分の1地形図「東京西南部」より）
かつての河川の多くが暗渠化され、住宅地が広がっている。

とに加えて液状化のリスクも考えられ、とくに災害の際に避難所や拠点となる学校や病院が立地していることには危機感を覚えざるを得ない。

イメージ地名が多い目黒区と地形に忠実な地名が多い渋谷区

目黒区は大部分が武蔵野台地の上にあるが、目黒川、蛇崩川、呑川、呑川柿ノ木坂支川、立会川、九品仏川といった中小河川が幾筋もの谷底低地をつくっている。これらの河川は目黒川を除いて暗渠化されているため氾濫することこそなくなったが、大量の雨が降って下水の排水容量を越えた場合、雨水は谷底低地に集中することになる。ゲリラ豪雨のような短時間に大きな雨量を記録するケースでは、谷底低地は浸水のリスクが高い。

「駒場」は古代に馬の牧があったとされているが、「コマ」は込み入った小さな谷や沢を示す水害地名。実際、東大キャンパスを水源として「空川」が流れ出て小さな谷を形成しており、目黒川に合流している。「三田」は「御供田」→「御田」→「三田」と転じた水害地名で、目黒川の谷底低地に位置する。「蛇崩」は川の名前にもなっているその名のとおりの崩壊地名で、大水で崩れた際に蛇が出たことに由来するとされているが、「蛇」は川の蛇行や、川そのものを表す水害地名。

「柿の木坂」は目黒通りと環状七号線が交差するかつての殿山（現在の柿の木坂陸橋）から、呑川柿ノ木坂支川が刻む谷へと下る坂で、柿の木があったこと、あるいは見えたことに由来するという説がほとんどだが、「カキ」は崩壊地名であり、崩れやすい崖や急坂とするのが正解。「平町」は「ヒラ」と読めば崩壊地名を疑うが、ここは「タイラマチ」。町域の大部分は呑川柿ノ木坂支川の谷底低地だが、環状七号線は台地の上だ。「中根」は「根（ネ）」が崖や傾斜地の麓を意味する崩壊地名で、実際に南は呑川、東は呑川柿ノ木坂支川の谷底低

谷の上を走る『地下鉄』銀座線

地と台地を分ける傾斜地が続いている。

「自由が丘」は昭和以降の比較的新しい地名で、碑衾町（現自由が丘二丁目）に開校した「自由ヶ丘学園」にちなむ。自由が丘学園はかろうじて台地の上に位置するが、自由が丘駅周辺は呑川の谷底低地にあり、「丘」とは看板に偽りありだ。これはイメージ地名の典型で、隣町の「緑が丘」も「丘」と名乗りながら大部分を谷底低地が占める。「東が丘」も新住居表示実施時にできたイメージ地名であり、大部分は台地上だが、中央に呑川柿ノ木坂支川の谷が入り込んでいる。このように「○○が丘」という地名はほとんどがイメージ地名であり、実態を表していないので注意が必要だ。

渋谷区は多くの谷が樹枝状に発達しているため、武蔵野台地にありながらも谷底低地が占める割合が大きい地域で、必然的に坂（斜面）が多い。地下鉄銀座線が台地上にある表参道駅から、そのまままっすぐ谷に位置する渋谷駅に入るため、地下鉄でありながらJRよりも高い地上三階の部分に駅が設けられている。これはまさしく地形のなせる業だ。

区内を流れる比較的大きな川は、新宿御苑を水源とする渋谷川（下流は古川）とその支流の宇田川で、両者は渋谷駅付近で合流し、この二つの河川の間に代々木公園と明治神宮が立地している。多くの谷が集まることから、渋谷駅付近は集中豪雨時には浸水の常襲地であり、集中豪雨や台風の際には、かなりの頻度でテレビのニュースに浸水したスクランブル交差点の映像が登場していた。近年では下水の排水容量を大きくするなどの改善策が進んだことで、以前ほど頻繁に浸水することはなくなった。それでも大雨が容量を越えれば浸水しやすい場所であることは変わらない。

渋谷の地名は古いものも新しいものも含めて、「谷」「泉」「坂」「台」「山」「丘」など地形にまつわるものが多い。命名された当時から消滅したものや、移動して必ずしも現在と同じ場所にないものもあるが、おおよそ地形のかたまりごとに地名が配置されている。「渋谷」「宇田川町」「千駄ヶ谷」「富ヶ谷」「神山町」「円山町」「神泉町」「桜丘町」「南平台町」「青葉台」「鶯谷町」「鉢山町」「代官山町」など、地名が示す地形と実際の地形がほぼ一致している。

「渋谷」はかつて海が入り込んでいた頃「塩谷（シホヤ）」が転じたものとされるが、「渋」には滞る・行き詰る、しぼむといった意味もあり、「入江の奥の行き詰った谷」を意味している。「宇田川町」は人名由来とされるが、「ウダ」＝「ムタ（牟田）」で湿地や泥田を示す水害地名。「鶯谷町」は「鶯橋」という橋名に由来するが、町域は三田用水鉢山口分水の谷に位置している。「猿楽町」は諸説あるが「サル」は地すべり・崩壊地名である。

「幡ヶ谷」の「幡」は源氏の白幡とされ、後三年の役の帰途に八幡太郎源義家が池で幡を洗ったことに由来するとされているが、源氏伝説にまつわる地名は怪しいものが多く、素直に畑が多い谷を意味する「畑ヶ谷」からきていると考えるのが自然。実際、江戸時代の検知帳には「畑ヶ谷」の記載がある。

「千駄ヶ谷」は千駄の萱を生産したことに由来するとされ、萱地・湿地であったことを表している。「富ヶ谷（トミガヤ）」は昔「留貝谷（トメガイヤ）」であり、海が奥まで入り込んでいた時代の谷の奥だったことを意味する。

狩野川台風が示した山の手台地の浸水リスクは、1960年代に大きな問題となった。これは宅地が郊外へと広がりを見せた時期と一致する。都市化により地面はアスファルトで固められ、川は暗渠になり、その土地本来の性質を知らない人たちが移り住んでくることで、インフラが整備されているとしても、一度災害に見舞われた場合の脆弱さはかつての比ではない。現在でも山の手台地では毎年のようにゲリラ豪雨による浸水が繰り返されている。そして浸水する場所はいつも決まっている。土地の性質とはそういうものなのである。

自分の家の近くで災害地名を見つけた場合は、地図を片手に近所を歩いてみることをお勧めする。自分の足で歩くことで、坂があり、谷があり、谷底には川がある。川が暗渠になっていても、そこが谷底であれば、水が集まる場所なのである。そのことを知るだけも、いざという時の被害をきっと最小限にできるだろう。

第4章

災害地名を読み解く

災害地名リスト（五十音順）

〈凡例〉

ア　▼水害地名

【鮎喰】【吾川】【阿川】

①畔。②湿地。

▼環境確認と備え：低湿地につけられることが多い地名。川の近くであれば氾濫に注意が必要。

「阿川」は氾濫しやすい川の意。自然堤防上でない限り本来住居には適さない。

見出し語

地名の種類

代表的な地名

地名が表す具体的な地形、環境

地名の特徴、実際の環境確認で注目すべき点や注意点、起こりうる災害、災害時の指針、注意点など

〈ア〉

ア　▼水害地名

【鮎喰】【吾川】【阿川】

①畔。②湿地。

▼環境確認と備え：低湿地につけられることが多い地名。川の近くであれば氾濫に注意が必要。

「阿川」は氾濫しやすい川の意。自然堤防上でない限り本来住居には適さない。

アイ　▼水害地名

【落合】【相川】【会津】【英田】

①川や道の合流点。出合い。豪雨時に水が集まるため水害常襲地を表す。②間、谷間、狭間を表す。③異なる二つのものがぶつかる場所のこと。④湿地、泥地、水が滲み出る場所、元河川だった場所を表す。⑤切り立つ崖地を表す場合もある。

▼環境確認と備え：近くに河川の合流がないかを確認する。あれば豪雨時に出水しやすい場所なので注意が必要。河川がない場合でも周囲より低くなっている場所でないか、過去に池や沼が存在していなかったかを確認し、該当する場合は豪雨時に水がたまりやすいのでとくに注意。このような場合は住居に適さない。また、崖地である場合には土砂災害に注意が必要。

アオキ・アオギ（オウギ）　▼崩壊地名・水害地名

【青木】【青木川】【青木島】【扇沢】

①扇状地。土砂礫堆積地。②湿地。

▼環境確認と備え：山際の土地や谷口に位置するケースでは扇状地や土砂堆積地を意味する。川が流れていないか、谷地でないかを確認する。該当する場合は河川の氾濫、鉄砲水、土石流の可能性もある土地なので豪雨時には注意が必要。気象警報や土砂災害警戒情報などが出された場合は早めの避難を心掛けたい。長野県に多く見られる。

アカ（アキ・アク・アケ・アコ）　▼崩壊地名・水害地名・津波地名

【赤羽】【赤谷】【赤浜】【赤松】【赤間】【赤塚】【阿久根】

①水気の多い湿地。②垢がたまるように土砂などが堆積した場所。

▼環境確認と備え：河川や海岸沿いの低地でないかを確認する。該当する場合は水害の痕跡地であることが多いので豪雨時には警戒が必要。海岸沿いである場合は津波痕跡を示すことが多いので、該当する場合は地震発生時には早めの避難を心掛けたい。また、山際の土地である場合は豪雨時の崩壊や土石流に注意が必要。

アガ　▼崩壊地名・水害地名

【阿賀】【英賀】【吾妻】

①「上げ」の意味で微高地。②終わる、尽きるの意味で湿地を示す場合もある。

▼環境確認と備え：高地であれば崩壊の可能性があるので、崖地等でないか、土砂災害危険区域や警戒区域等に指定されていないかを確認する。該当する場合は豪雨時等に崩壊の可能性があるので気象警報や土砂災害警戒情報等が出された場合は早めの避難を。高台移転の痕跡を示す場合もある。また、低地の場合は周囲に河川がないかを確認。該当する場合は豪雨時の出水に注意。いずれの場合も避難勧告等が出た場合には速やかに従いたい。

アキ（アク・アケ・アコ・アゴ）　▼崩壊地名・津波地名

【安芸】【安岐】【秋月】【秋山】【秋葉】【英虞】【阿古】

①崩壊や津波、海食等でできた隙間。②崖・急傾斜地・地すべり地。
▼環境確認と備え：山間地では崩壊跡地や地すべり地につけられている場合もあるので、急傾斜地の中にある平地や緩傾斜地でないかを確認。該当する場合は豪雨時には警戒が必要。土砂災害警戒情報等に注意したい。海岸沿いでは過去の津波で流されて空いてしまった土地の痕跡を示すことが多い。該当する場合は地震発生時や津波警報等が発令された際は速やかな避難を心がけたい。

アクツ（アクタ・アクト・アケト） ▼水害地名・津波地名
【阿久津】【圷】【芥川】【飽田】【明戸】
氾濫時に泥流が堆積した低湿地。転じて肥沃な土地。
▼環境確認と備え：周囲に海や河川がないかを確認する。河川ある場合は過去の氾濫痕跡を示すので、自然堤防上以外は居住地に向かない。豪雨には要注意。海岸に位置する場合は津波痕跡を示す。津波警報等発令時には速やかな避難を。

アサ（アザ） ▼崩壊地名・洪水地名
【阿佐】【厚狭】【浅井】【朝倉】【浅川】【麻生】【麻布】【朝日】【浅見】【薊】【阿左美】【浅虫】
①崩壊の痕跡を示す。②地下水が浅い湿地。
▼環境確認と備え：山間地では崩壊地名を示すので周囲に崖や急傾斜地がないかを確認する。該当する場合は豪雨時には土砂災害の可能性があるので警戒が必要。土砂災害警戒情報等に注意

したい。低地の場合は周囲に川があるか、または水田地帯になっていないかを確認する。該当する場合は氾濫痕跡を示すので、やはり豪雨時には警戒が必要。気象警報に注意し、避難勧告等が出た場合には速やかに従うこと。また、全般に地下水が浅い土地であることから、地すべりや液状化のリスクも含んでいる。

アシ　▼崩壊地名・水害地名

【足摺】【芦屋】【足利】【芦川】【足谷】【足和田山】

①崖・崩壊地。②沼地・湿地。

▼環境確認と備え：山間地では周囲に崖や急斜面がないかを確認する。該当する場合は崩壊痕跡を示す地名で、豪雨時等は土砂災害の可能性がある。土砂災害警戒情報等に注意したい（芦屋や芦川など近年でも崩壊履歴がある）。低地の場合は周囲に河川がないかを確認する。該当する場合は元来低湿地であることから、豪雨時の氾濫には注意が必要。この場合は居住地としてはお勧めできない。リスクがあることを理解した上で早めの避難を心掛けたい。

アス・アズ・アツ　▼崩壊地名・水害地名

【安曇】【足助】【小豆沢】【厚木】【安土】

①崖崩れ、地すべり、土石流など土砂災害の多い土地。②低湿地（「アサ」の転訛）。

▼環境確認と備え：典型的な崩壊地名なので周囲に崖地や急傾斜地がないか、谷沿いでないかを確認する。崖地・急傾斜地の場合は豪雨時等には土砂災害の可能性がある。また、谷沿いの場

合(とくに谷口の場合)は土石流の可能性がある。該当する場合、いずれも土砂災害警戒情報等に注意したい。また、平地の場合は周囲に河川がないかを確認する。該当する場合は本来低湿地なので氾濫時には浸水しやすい土地。避難勧告等が出た場合は速やかに従うこと。

アソ・アゾ　▼水害地名

【阿蘇】【阿曽】【安蘇】【麻生】【朝生田】

①低湿地、河川の跡地。②崩壊跡の軟弱な土地。

▼環境確認と備え：周囲に河川がないか、あるいは周囲に比べて低い土地でないかを確認する。該当する場合は豪雨時に水がたまりやすい場所なので気象警報発令時等には警戒が必要。軟弱地盤であることから、地震時の揺れが大きく、液状化のリスクもある。

アタ・アダ　▼崩壊地名・水害地名

【愛宕】【安達太良】【熱海】【足立】

①崩れやすい崖。②崩壊地。③川沿いの土地。

▼環境確認と備え：周囲に崖地や急傾斜地がないかを確認する。該当する場合は豪雨時等に崩壊の可能性があるので、土砂災害警戒情報等に注意したい。平地の場合は周囲に川がないか、あるいは周囲より低い場所でないか(河川跡でないか)を確認する。該当する場合は豪雨時に出水する可能性があるので避難勧告等が出た場合は速やかに従うこと。

アテ　▼水害地名

【左沢】【阿哲】【阿寺】

洪水の危険がある川。

▼環境確認と備え：周囲に河川がないか、周囲に比べて低い土地でないか（河川跡でないか）を確認する。該当する場合は、過去の氾濫の痕跡であるので、豪雨時には警戒が必要。早めの避難を心掛けたい。

アト・アド　▼崩壊地名・水害地名

【安曇川】【阿戸】

①背後に崖が迫る海岸・湖岸。②低湿地。

▼環境確認と備え：背後に崖地や急傾斜地がないか、土砂災害警戒区域等に指定されていないかを確認。該当する場合は豪雨時等に土砂災害の可能性があるので、土砂災害警戒情報等に注意したい。平地の場合は周囲に川がないか、あるいは周囲より低い場所でないか（河川跡でないか）を確認する。該当する場合は豪雨時に氾濫の可能性がある。早めの避難を心掛け、避難勧告等が出た場合は速やかに従うこと。

アナ　▼崩壊地名・水害地名

【穴吹】【穴水】【穴井】

①すり鉢状の窪地。②谷地。③崖地・急傾斜地。

▼環境確認と備え：周囲より低い土地でないか、谷状の土地でないかを確認する。該当する場合は豪雨時に水が集まりやすい場所であり、住居にはお勧めできない。気象警報等に十分に注意し、豪雨時には最大限の警戒を。山間地では急傾斜地や崖地に該当しないかを確認する。該当する場合は豪雨時等に崩壊の可能性があるので土砂災害警戒情報等に注意したい。

アバ（アワ・ウバ）・アビ・アブ・アベ・アボ　▼崩壊地名

【阿波】【粟島】【安房】【網引】【我孫子】【安孫子】【阿武隈】【阿部】【安部】【安房峠】【網干】【姥捨】

崩れやすい崖。崩壊・地すべり・土石流の起こりやすい場所。

▼環境確認と備え：崖地や急傾斜地でないか、土砂災害警戒区域等の指定がないかを確認する。該当する場合は豪雨時等に崩壊の可能性があるので土砂災害警戒情報等に注意したい。また、谷地形であれば土石流の危険もある。いずれも早めの避難を心掛けたい。

アマ　▼崩壊地名・津波地名・水害地名

【甘木】【天城】【海士】【余目】【天草】

①崩れやすい場所（「アバ」の転訛）。②雨の多い場所。③津波の危険がある場所。④高潮に遭いやすい場所。⑤湿地。

▼環境確認と備え：崖地や急傾斜地でないか、土砂災害警戒区域等の指定がないかを確認する。該当する場合は豪雨時等に崩壊の可能性があるので土砂災害警戒情報等に注意したい。平地では周辺に海や河川がないかを確認する。海がある場合には津波の痕跡地であり、津波警報等が発令

された際にはいち早い避難を。河川沿いの場合や、周囲より低い土地である場合は氾濫時に浸水しやすい場所なので豪雨時には警戒が必要。避難勧告等があった場合には速やかに従うこと。

アユ ▼軟弱地名・崩壊地名

【鮎沢】【鮎瀬】【鮎川】

①軟弱地盤。揺れやすい場所。②土砂災害の起こりやすい場所。

▼環境確認と備え：周辺に崖地や急傾斜地がないか、土砂災害警戒区域等の指定がないかを確認する。該当する場合は豪雨時等に崩壊の可能性があるので土砂災害警戒情報等に注意したい。平地の場合は軟弱地盤地であることが多いので、過去に地震災害で被害を受けていないか、液状化の履歴がないかを確認する。該当する場合は耐震・免震等の対策を。とくに液状化履歴がある場合は住居には適さない場所。

アラ・アリ・アレ ▼崩壊地名

【嵐山】【荒砥沢】【有馬】

①崖地、急斜面。②崩壊しやすい場所。

▼環境確認と備え：周辺に崖地や急傾斜地がないか、土砂災害警戒区域等の指定がないかを確認する。該当する場合は豪雨時等に崩壊の可能性があるので土砂災害警戒情報等に注意したい。急斜面の中の平地や緩斜面である場合は地すべりの痕跡なので注意が必要。谷地や沢沿いでは土石流や鉄砲水の可能性もある。豪雨時には最大限の警戒を。

アワ　↓「アバ」を参照

〈イ〉

イカ　▼水害地名・崩壊地名

【伊方】【五十嵐】【五十里】

①崩れやすい崖地。②地すべりの起こりやすい場所。③流れの激しい河川。④浸水しやすい場所。⑤津波の痕跡地。

▼環境確認と備え：周辺に崖地や急傾斜地がないか、土砂災害警戒区域等の指定がないかを確認する。該当する場合は豪雨時等に崩壊の可能性があるので土砂災害警戒情報等に注意したい。海の側であれば津波の痕跡が疑われる。過去の津波履歴について調べておきたい。平地であれば周囲に河川があるかを確認する。ある場合は氾濫時に浸水しやすい場所なので、豪雨時には気象警報や河川に関する情報にも注意し、早めの避難を心掛けること。

イケ　▼水害地名

【溜池】【池尻】【池上】【池田】

①池。②窪地。③水路。④不良な土地。

▼環境確認と備え：周囲に比べて低い土地でないかを確認する。該当する場合は豪雨時等に水

がたまりやすい場所。アスファルトに覆われた都市部などでは、ゲリラ豪雨などであっという間に浸水する可能性もあるので十分に注意したい。とくに地下空間にいる場合は早めの退避を。また、できれば過去に同地に池がなかったかを調べておきたい。該当する場合には液状化の可能性もあり、住居には適さない。

イサ　▼水害地名

【胆沢】【石和】【諫早】

①砂地の端。②川で砂がたまる湾曲部。

▼環境確認と備え：周囲に河川があるかを確認する。該当する場合は氾濫の可能性があるので豪雨時には注意が必要。また、扇状地であることも多いので、谷口に該当する場合、豪雨時の鉄砲水や土石流にも注意したい。

イシイ　▼水害地名

【石井】【石居】

砂礫が多い土地。浸水の可能性がある土地。

▼環境確認と備え：周囲に河川があるか、または周囲より低い土地でないか（かつての河川跡でないか）を確認する。該当する場合は豪雨時に浸水の可能性があるので、気象警報や河川に関する情報にも注意し、早めの避難を心掛けること。

イタ　▼崩壊地名・水害地名

【井田】【潮来】【板野】【伊丹】

①風化が進んで崩れやすい場所。②河川が氾濫しやすい場所。

▼環境確認と備え：周辺に崖地や急傾斜地がないか、土砂災害警戒区域等の指定がないかを確認する。該当する場合は豪雨時等に崩壊の可能性があるので土砂災害警戒情報等に注意したい。平地であれば周囲に河川があるかを確認する。ある場合は氾濫時に浸水しやすい場所なので、豪雨時には気象警報や河川に関する情報にも注意し、早めの避難を心掛けたい。

イナ　▼水害地名

【伊那】【伊奈】【猪名川】【稲田】

①河川沿いの砂地。②土手・自然堤防。③田。④河川・水路。

▼環境確認と備え：周囲に河川がないか、あれば周囲に比べて低い土地でないか、あるいは水田の中でないかを確認する。該当する場合は豪雨時等に浸水しやすい土地であるので、気象警報や河川に関する情報にも注意し、早めの避難を心掛けること。

イノ　▼水害地名

【伊野】【伊野浦】【猪尾】

①複数の河川がある場所。②水はけの良くない砂礫地。

▼環境確認と備え：周囲に河川がないか、あれば周囲に比べて低い土地でないか、あるいは水

田の中でないかを確認する。該当する場合は豪雨時等に浸水しやすい土地であるので、気象警報や河川に関する情報にも注意し、早めの避難を心掛けること。

イハラ・イバラ　▼水害地名・崩壊地名

【井原】【庵原】【茨木】

①水のある場所。川の流れる原。②崖・崩壊地。

▼環境確認と備え：平地の場合、周囲に河川がなりか、湧水がないか、周囲より低い窪地になっていないかを確認する。該当する場合は豪雨時に水がたまりやすい土地であるため注意が必要。また、周囲に崖や急傾斜地がないか、土砂災害警戒区域等の指定がないかを確認する。該当する場合は豪雨時等に崩壊の可能性があるので土砂災害警戒情報等に十分に注意したい。

イマイ　▼水害地名・崩壊地名

【今井】

①水がたまりやすい場所。②河川跡地。③氾濫堆積地。④崖地・崩壊地。

▼環境確認と備え：平地の場合、周囲に河川がないか、湧水がないか、周囲より低い窪地になっていないかを確認する。該当する場合は豪雨時に水がたまりやすい土地であるため注意が必要。また旧河川跡地でないかは調べておきたい。もし該当する場合は住居には適さない。また、周囲に崖や急傾斜地がないか、土砂災害警戒区域等の指定がないかを確認する。該当する場合は豪雨時等に崩壊の可能性があるので土砂災害警戒情報等に十分に注意したい。

イモ　▼崩壊地名
【芋川】【芋田】【芋畑】【一口(イモアライ)】
地すべり地。崩壊地。
▼環境確認と備え：周囲に崖や急傾斜地がないか、土砂災害警戒区域等の指定がないかを確認する。該当する場合は豪雨時等に崩壊の可能性があるので土砂災害警戒情報等に十分に注意したい。また、急傾斜地の中の平地や緩傾斜地であった場合は古い地すべりの痕跡。水を含むと再び滑る可能性があるので注意が必要。

〈ウ〉

ウキ　▼水害地名
【宇喜田】【浮間】【浮島】
泥の多い低湿地。
▼環境確認と備え：周囲に沼や河川がないかを確認する。また、河川跡や沼の跡でないかも調べておきたい。該当する場合は豪雨時等に浸水しやすい土地であるので、気象警報や河川に関する情報にも注意し、早めの避難を心掛けたい。また、こうした土地は軟弱であるため地震時に揺れが大きい他、河川や沼の跡地であれば液状化の可能性もあるので住居には適さない。

ウサ・ウシ・ウス・ウセ・ウソ　▼水害地名・津波地名・崩壊地名

【宇佐美】【宇佐】【牛浜】【牛込】【牛島】【牛久】【牛田】【宇出津】【臼井】【碓氷】【臼杵】【宇曽利】

①不安定な土地。②崩壊地・地すべり地。③氾濫原。④津波常襲地。

▼環境確認と備え：周囲に崖や急傾斜地がないか、土砂災害警戒区域等の指定がないかを確認する。該当する場合は豪雨時等に崩壊の可能性があるので土砂災害警戒情報等に十分に注意したい。また、急傾斜地の中の平地や緩傾斜地であった場合は古い地すべりの痕跡。水を含むと再び滑る可能性があるので注意が必要。平地では周辺に海や河川がないかを確認する。海の側である場合は津波常襲地。津波警報等発令時には速やかな避難を。河川の側である場合は豪雨時に氾濫の危険がある。気象警報や河川に関する情報にも注意し、万が一に備えて早めの避難を心掛けること。

ウタ・ウダ　▼水害地名・津波地名

【宇多津】【歌津】【宇田川】

①砂地・湿地。②洪水や津波など水に洗われた土地。

▼環境確認と備え：周囲に海や河川がないかを確認する。海沿いであれば津波の痕跡地の可能性が高い。津波警報等発令時には速やかな避難を。また、河川の近くである場合には豪雨時の氾濫に警戒したい。気象警報や河川に関する情報にも注意し、早めの避難を心掛けること。

ウチ　▼水害地名・津波地名・崩壊地名

【内子】【内川】【打越】【内野】【内田】【内原】

①浸食される場所。②氾濫しやすい場所。③崩壊地、地すべり地。

▼環境確認と備え：周囲に海や河川がないかを確認する。海沿いであれば津波の痕跡地の可能性があるので過去の履歴を調べたい。河川の近くである場合には豪雨時に氾濫の可能性がある場所。気象警報や河川に関する情報にも注意し、早めの避難を心掛けること。周囲に崖や急傾斜地がある場合は崩壊の可能性あり。土砂災害警戒区域等に指定されていないか確認する。山間地の緩傾斜地は地すべり地の可能性が高い。豪雨時などには注意が必要。

ウツ・ウヅ　▼崩壊地名・水害地名

【宇都宮】【宇津ノ谷】【打田】【内海】

①地すべり地。②谷などで浸食されやすい場所。③崩れやすい場所。

▼環境確認と備え：山間地の小さな比較的平らな場所や緩傾斜地は地すべり地の可能性がある。谷地の場合は鉄砲水や土石流、急な洪水に注意したい。周囲に崖や急傾斜地がある場合には、土砂災害危険区域等に指定されていないか確認する。該当する場合は住居には適さない。

ウト・ウド　▼崩壊地名・水害地名・津波地名

【宇土】【鵜戸】【宇都】

①地すべり地。②浸食されやすい場所。

▼環境確認と備え：山間地であれば、周囲に比べて比較的平らな場所や緩傾斜地でないかを確認する。該当する場合は地すべり地の可能性があるので豪雨時等には注意が必要。海沿いの場合は過去の津波を暗示していることが多いので履歴を調べたい。津波警報等が出た場合には速やかな避難を。川沿いであれば水害常襲地可能性がある。とくに周囲より低くなっている場所は要注意。この場合住居には適さない。

ウバ　→「アバ」を参照

ウメ（ウマ・ウモ）　▼崩壊地名・水害地名・津波地名

【梅田】【梅ヶ島】【梅坪】【梅川】

①土砂崩れ等で埋まった場所。②地すべり地。③人工的に埋立てた場所。④低湿地。

▼環境確認と備え：環境確認を必ず行いたい災害地名。山間部や山際では急傾斜や崖がないかを確認する。該当する場合は過去の崩壊を示唆する。谷沿いであれば土石流にも注意したい。急傾斜地の中にある比較的平らな場所や緩傾斜地であれば地すべり地の可能性が大きい。平野部であれば過去の履歴を調べたい。湿地はもちろん、海や池を埋め立てている場合も多く、液状化リスクがあるなど住居に適さない場所が多い。豪雨時の氾濫にも注意したい。海沿いの場合は津波履歴がある可能性が高い。津波警報発令時には迅速な避難を。

ウラ ▼水害地名・津波地名

【西浦】【浦賀】【浦上】

①入江。②川の湾曲部。③水際。

▼環境確認と備え：多くの場合海岸沿いの地名であり、低地であれば津波のリスクは考えておきたい。内陸でこの地名がある場合には周辺に河川がないか、あるいは周囲に比べて低い土地でないかを確認する。該当する場合は豪雨時に氾濫が起こりやすい場所である可能性が高いので、気象警報や河川に関する情報に注意したい。また、過去に沼地や湖沼でなかったも調べておきたい。これに該当する場合は住居には適さない。

ウル ▼水害地名・崩壊地名

【漆原】【売木】【有留戸】

①湿地。②崩壊地。

▼環境確認と備え：平地であれば周囲の河川の状況を確認する。該当する場合は元来湿地であるため、豪雨時の氾濫に注意したい。谷地であれば鉄砲水や土石流に注意。また、山間地や山際の場合は周囲に崖や急傾斜地がないか、土砂災害警戒区域等に指定されていないかを確認する。該当する場合は豪雨時等の土砂災害警戒情報等に注意したい。

〈エ〉

エ　▼水害地名・津波地名

【江川】【江古田】【松江】【江端】【江畠】

①川。②入江・海岸。③水のある場所。

▼環境確認と備え：水際に多い地名であり、津波や高潮、河川の氾濫には注意が必要な土地。念のために過去の災害履歴を調べておきたい。万が一の場合に備えて避難場所や避難方法は確認しておくことが望ましい。

エダ（エタ・エチ）　▼水害地名

【枝川】【江田】【荏田】【愛知川】

①河川の合流点。②河川沿いの湿地。③谷地。

▼環境確認と備え：周囲に河川がないかを確認する。該当する場合は過去の氾濫を示唆するので豪雨時には気象警報や河川に関する情報に注意する。水田地等周囲より低い土地の場合は住居には適さない。山間部では土石流や鉄砲水に注意したい。

エノキ　▼水害地名・崩壊地名

【榎】【榎木】

①低湿地。②谷川沿いの場所。③地すべり地。

▼環境確認と備え：周囲に河川がないかを確認する。該当する場合は豪雨時の氾濫に注意。とくに山間部の谷地では急激な増水や土石流に警戒したい。山間部にある比較的平らな場所や緩傾斜地であれば地すべり地の可能性が大きい。豪雨時や積算雨量が大きくなった際には警戒したい。

エビ ▼崩壊地名・水害地名

【海老名】【えびの】【蝦池】

①崩壊地・地すべり地。②河川の屈曲する場所。

▼環境確認と備え：山間地や山際では周囲に崖や急斜面がないか、土砂災害警戒区域等の指定がないかを確認する。該当する場合は豪雨時等に崩壊の可能性があるので土砂災害警戒情報等に十分に注意したい。平地では周囲に河川がないかを確認する。該当する場合は豪雨時の氾濫に注意したい。とくに周囲より低い土地でないかは必ず確認すること。該当する場合はかつての氾濫による旧河道である可能性が高く、居住地として望ましくない。過去の地図等で確認できる場合もあるので、一度調べておくことをお勧めする。

〈オ〉

オイ ▼崩壊地名・水害地名

【及川】【生谷】【老川】

①風化して崩壊しやすい場所。②氾濫しやすい河川。
▼環境確認と備え：山間地や山際では周囲に崖や急斜面がないか、土砂災害警戒区域等の指定がないかを確認する。該当する場合は豪雨時等に崩壊や、谷地では土石流の可能性があるので土砂災害警戒情報等に十分に注意したい。低地の場合は周囲に河川がないかを確認する。該当する場合は氾濫の痕跡なので、豪雨時には出水の可能性がある。気象警報や河川に関する情報等に注意すること。

オウギ→「アオキ」を参照

オガ　▼崩壊地名
【小川】【男鹿】
①地すべり地・崩壊地・土石流危険地。
▼環境確認と備え：周囲に崖や急傾斜地がないか、土砂災害警戒区域等の指定がないかを確認する。該当する場合は豪雨時等に崩壊や、谷地では土石流の可能性があるので土砂災害警戒情報等に十分に注意したい。

オギ　▼崩壊地名・水害地名・津波地名
【小木】【荻】【小城】
荒蕪地。

▼環境確認と備え：過去に災害を受けて荒蕪地となっている場合があるので、その土地における過去の災害履歴を調べておきたい。該当する場合には居住地に適さない。

オシ　▼崩壊地名・水害地名

【押田】【押出】【押立】【押切】

①地すべり地や崖崩れのあった場所。②洪水で土砂が堆積した場所。

▼環境確認と備え：山間部や山際では急傾斜や崖がないかを確認する。該当する場合は過去の崩壊を示唆する。谷沿いであれば土石流にも注意。急傾斜地の中にある比較的平らな場所や緩傾斜地であれば地すべり痕跡である可能性が高い。低地の場合は周囲に河川がないかを確認する。該当する場合は氾濫の可能性がある。自然堤防を形成している場合があるので、居住地であればそこを選びたい。実際こうした場所で古くからある集落は自然堤防上に発達している。水田を宅地化した新興住宅地などはそれなりに水害リスクが高いと考えた方がいい。

オダ・オダ　▼水害地名

【小田】【織田】【小田井】

①砂地。②氾濫原。

▼環境確認と備え：周囲に河川がないかを確認する。該当する場合は洪水により形成された土地。とくに周囲に比べて低くなっているような場所は、後背湿地や旧河道であることが多いので、出水時には水がたまりやすく住居にはお薦めできない。豪雨時は気象警報や河川に関する情報に

注意したい。

オチ・オト　▼崩壊地名・水害地名

【越智】【落川】【落出】【乙原】

①地すべり地。②崩落しやすい崖。③氾濫痕跡。④地すべりにより川がせき止められた場所。

▼環境確認と備え：山間部で急傾斜地の中にある比較的平らな場所や緩傾斜地であれば、地すべり痕跡である可能性が高い。こうした地すべり跡地は暮らしやすいが、豪雨や積算雨量が大きくなった場合などは再びすべる危険があるので十分に注意したい。崖や急傾斜地は豪雨時等の土砂災害に注意。周囲に河川がないかを確認して、該当する場合には豪雨時の氾濫に注意が必要。

オニ　▼崩壊地名・水害地名・津波地名

【鬼塚】【鬼越】【鬼伏】

過去に恐ろしいことが起こった場所。多くは土石流や崩壊だが、洪水、津波の場合も。

▼環境確認と備え：多様な災害の痕跡を表す地名であり、環境確認は必須。周囲に川がある場合は豪雨時の氾濫の可能性があるので、気象警報や河川に関する情報に注意。周囲に崖や急傾斜地がある場合は、土砂災害警戒区域等の指定がないかを確認したい。該当する場合は豪雨時等に崩壊や、谷地では土石流の可能性があるので土砂災害警戒情報等に十分に注意する。山間部の比較的平らな場所や緩傾斜地であれば、地すべり痕跡の可能性が大。豪雨や積算雨量が大きくなった場合などは再びすべる危険があるので十分に注意したい。また、海沿いであれば津波履歴があ

る可能性が高い。津波警報等発令時には速やかな避難を。

オバ　↓「ウバ」を参照

オリ・オロシ　▼崩壊地名

【折立】【折尾】【折居】【木下（キオロシ）】

①崩れやすい崖地。②雪崩発生地。

▼環境確認と備え：周囲に崖や急傾斜地がないか、土砂災害警戒区域等の指定がないかを確認する。該当する場合は豪雨時等に崩壊や、谷地では土石流の可能性があるので土砂災害警戒情報等に十分に注意したい。冬場から春先に雪崩が発生しやすい場所を示唆する場合もあるので注意したい。

〈カ〉

カイ　▼水害地名・崩壊地名

【貝取】【垣内】【開戸】

①挟間・谷地。②山間部の狭い平地。

▼環境確認と備え：山間部や台地に開削された狭い谷地・平地でないかを確認する。該当する場合は豪雨時に土石流や鉄砲水、崩壊等に注意が必要。山間地の狭い低地は集水地になっている

ため、豪雨時には一気に水流が押し寄せる危険もある。気象警報や河川に関する情報、土砂災害警戒情報等には十分に注意したい。とくに狭い谷や平地に崖が迫るような地形では、いざという時に避難できる場所やルートが限られている可能性が高い。日頃から避難する場所は方法について確認しておくことをお勧めする。

カガ ▼崩壊地名・水害地名

【加賀】【鏡野】

①崩壊しやすい場所。②激しい浸食を受ける場所。洪水常襲地。

▼環境確認と備え：山間地や山際では周囲に崖や急傾斜地がないか、土砂災害警戒区域等に指定されていないかを確認する。該当する場合は豪雨時など崩壊の危険があるので、土砂災害警戒情報等に十分に注意したい。平地では近くに河川がないか、河川の合流がないかを確認する。あれば豪雨時に出水しやすい場所なので注意が必要。

カキ（カケ）・カギ・ガキ ▼崩壊地名・水害地名

【柿の木坂】【大垣】【稲垣】【鍵山】【柿田川】【柿谷】【欠真間】【掛川】

①崩壊地、崩れやすい崖。②地すべり地。③浸食を受ける場所。氾濫常襲地や津波常襲地。

▼環境確認と備え：周囲に崖や急傾斜地がないか、土砂災害警戒区域等に指定されていないかを確認する。該当する場合は過去に崩壊があった場所である可能性が高い。豪雨時などは土砂災害警戒情報に注意したい。平地では周辺に川がないか、周囲に比べて低い土地でないかを確認す

る。該当する場合は豪雨時に出水しやすい場所を示しているので気象警報や河川に関する情報などに注意を払いたい。

カシ・カジ　▼崩壊地名・水害地名

【柏原】【鹿島】【柏】【加治木】【鰍沢】【鍛冶屋】【加治川】

①崖地・急傾斜地。②地すべり地。③土石流堆積地。④河川氾濫地。

▼環境確認と備え：崖地や急傾斜地でないか、土砂災害警戒区域等に指定されていないかを確認する。該当する場合は豪雨時等に崩壊の可能性があるので気象警報や土砂災害警戒情報に注意したい。山際の土地や谷口に位置するケースでは土石流堆積地を意味するので谷地でないかを確認する。該当する場合は鉄砲水、土石流の可能性もある土地なので豪雨時には注意が必要で、気象警報や土砂災害警戒情報などが出された場合は早めの避難を心掛けたい。山間地の緩斜面地であれば地すべり地の可能性が高い。河川氾濫地を示すことも多いので、豪雨時の氾濫にも注意が必要。とくに谷口の扇状地や山から海までの距離が短い急流河川に多い地名。

カツラ　▼崩壊地名・水害地名・津波地名

【桂】【桂川】【勝浦】【葛城】

①低湿地。②崩れやすい崖。③地すべり地。

▼環境確認と備え：河川や海岸沿いの低地でないかを確認する。該当する場合は水害の痕跡地であることが多いので、豪雨時には気象警報や河川に関する情報等に注意。海岸沿いである場合

は津波痕跡を示すことが多い。津波警報等発令時には迅速な避難を。また、山際の土地である場合は豪雨時等の崩壊や土石流、地すべりに注意が必要。

カナ・カニ・カネ　▼崩壊地名・水害地名

【金谷】【金屋】【金木】【蟹江】【蟹田】【金子】

①崩壊地・地すべり地。②河川の氾濫しやすい場所。

▼環境確認と備え：周囲が崖地や急斜面等でないか、土砂災害警戒区域等に指定されていないかを確認する。また、山間地の中の比較的平らな土地や緩斜面についても確認する。該当する場合は豪雨時等に崩壊や地すべりの可能性があるので、気象警報や土砂災害警戒情報が出された場合は早めの避難を。低地の場合は周囲に河川がないかを確認。該当する場合は豪雨時の出水に注意。いずれの場合も避難勧告等が出た場合には速やかに従いたい。

カマ　▼水害地名・津波地名

【鎌田】【蒲田】【釜石】【鎌倉】【塩竈】【釜沢】

①浸食されて釜状に湾曲した地形。②河川の屈曲により水のたまりやすい場所。

▼環境確認と備え：河川や海岸沿いの低地でないかを確認する。該当する場合は水害の痕跡地であることが多いので、豪雨時には気象警報や河川に関する情報等に注意。海岸沿いである場合は津波痕跡を示す。津波警報等発令時には迅速な避難を。また、山間の谷地に該当する場合は豪雨時の土石流や鉄砲水に注意が必要。

カミ・カム（カン）　▼水害地名・津波地名・崩壊地名
【神山】【香美】【上浦】【紙屋】【上村】【学文路】【神室】
①河川の上流。②都からの遠近を表し、都に近い方を示す。③激しく浸食された地形。
▼環境確認と備え：「上」と「下」の組み合わせであれば①②の意味が多いが、そうでない場合は「噛ミ・噛ム」から発生した災害地名なので周囲の地形を確認したい。河川の近く、とくに蛇行部であれば氾濫痕跡を示す可能性が高い。その後河川改良で直線化されている場合も多いか、豪雨時には出水に警戒したい。海岸に位置する場合は津波痕跡を示すことも多いので過去の履歴を調べておきたい。崖地や急斜面は豪雨時の土砂災害に警戒を。

カメ　▼水害地名・津波地名・崩壊地名
【亀山】【亀戸】【亀有】【丸亀】【亀田】
①亀のように盛り上がった地形。②激しく浸食された地形。
▼環境確認と備え：新しくつけられた地名は①のケースも多いが、伝承地名では②がほとんど。「噛メ」から発生した言葉であり、環境確認と備えは前項の「カミ・カム」と同様。

カモ　▼水害地名
【加茂】【鴨川】【鴨島】
①湿地。②氾濫原。

▼環境確認と備え：周囲に河川がないかを確認する。該当する場合は豪雨時に氾濫の可能性があるので、気象警報や河川に関する情報等に注意が必要。周囲に比べて低い土地であれば後背湿地や旧河道である可能性が高いので水はけが悪い。

カヤ　▼崩壊地名・水害地名

【萱島】【加屋】

①崩壊地形。②低湿地。

▼環境確認と備え：周囲が崖地や急斜面等でないか、土砂災害警戒区域等に指定されていないかを確認する。該当する場合は豪雨時等に崩壊の可能性があるので、気象警報や土砂災害警戒情報等に注意する。低地の場合は周囲に河川がないかを確認する。該当する場合は水はけが悪い土地である可能性が高く、洪水時に湛水しやすい。

カリ　▼崩壊地名・水害地名

【刈谷】【刈谷田川】

①浸食を受けやすい場所。②崩壊地・崖。

▼環境確認と備え：周囲が崖地や急斜面等でないか、土砂災害警戒区域等に指定されていないかを確認する。該当する場合は豪雨時等に崩壊の可能性があるので、気象警報や土砂災害警戒情報等に注意する。低地の場合は周囲に河川がないかを確認する。該当する場合は頻繁に氾濫していた場所を示すので豪雨時の出水に注意。

カワチ（コウチ）　▼水害地名

【河内】【川内】【高知】

洪水時に水につかる場所。

▼環境確認と備え：多くの場合低地に見られる地名。周囲に河川がないかを確認する。該当する場合は豪雨時に氾濫の可能性があるので、気象警報や河川に関する情報等に注意が必要。周囲に比べて低い土地であれば後背湿地や旧河道である可能性が高いので水はけが悪い。堤防等が整備されて水害の頻度は減っているが、ひとたび決壊等があれば被害は大きくなる場所といえる。

カン　↓「カム」を参照

〈キ〉

キズ・キヅ（キツ）　▼崩壊地名・水害地名

【木津】【橘】

①崩壊地、土砂流出地。②河川の氾濫地点。

▼環境確認と備え：周囲が崖地や急斜面等でないか、土砂災害警戒区域等に指定されていないかを確認する。該当する場合は豪雨時等に崩壊の可能性があるので、気象警報や土砂災害警戒情報等に注意する。低地の場合は周囲に河川がないかを確認する。該当する場合は頻繁に氾濫して

いた場所を示すので豪雨時の出水に注意。

キタ ▼崩壊地名

【喜多方】【木田】

崩壊地。

▼環境確認と備え：周囲が崖地や急斜面等でないか、土砂災害警戒区域等に指定されていないかを確認する。該当する場合は豪雨時等に崩壊の可能性があるので、気象警報や土砂災害警戒情報等に注意したい。

キリ ▼崩壊地名

【切明】【小田切】

①崩壊地。②地すべり地。

▼環境確認と備え：周囲が崖地や急斜面等でないか、土砂災害警戒区域等に指定されていないかを確認する。また、緩斜面の場合は地すべり地の可能性が高い。該当する場合は豪雨時等に崩壊の可能性があるので、気象警報や土砂災害警戒情報等に注意する。

〈ク〉

クイ・クエ ▼崩壊地名・水害地名・津波地名

【宍喰】【鮎喰】【津久井】【久江】
①崩れた崖。②河川が氾濫した場所。
▼環境確認と備え：周囲が崖地や急斜面等でないか、土砂災害危険区域や警戒区域等に指定されていないかを確認する。該当する場合は豪雨時等に崩壊の可能性があるので、気象警報や土砂災害警戒情報等に注意したい。低地の場合は周囲に海や河川がないかを確認する。該当する場合は頻繁に氾濫していた場所を示すので豪雨時の出水に注意。海岸に該当する場合は津波に注意。

クカ・クガ（コガ）・クキ　▼水害地名・高台地名
【久我山】【久喜】【古閑】【古賀】
①自然堤防など小高い場所。②埋土地・新田地など新しい土地。
▼環境確認と備え：平地の場合自然堤防であることが多い。注意すべきはその周辺低地で、周囲より低い土地であれば後背湿地や旧河道の可能性が高く、氾濫時には浸水しやすい場所となる。気象警報や河川に関する情報には注意を払いたい。新田開発されたような場所を示す場合もあり、備えは同様である。

クサ　▼水害地名・崩壊地名
【草津】【草場】【日下】
①悪臭がする場所（温泉地等）。②湿地。③崩壊地。
▼環境確認と備え：低地の場合は周囲に河川がないかを確認する。該当する場合は豪雨時の出

水に注意したい。また崖地や急斜面等でないか、土砂災害警戒区域等に指定されていないかを確認したい。該当する場合は豪雨時等に崩壊の可能性があるので、気象警報や土砂災害警戒情報が出された場合は早めの避難を。

クシ・クジ　▼崩壊地名・水害地名・津波地名

【久慈】【串本】【櫛形山】【鯨谷】

①断崖地・急傾斜地。②崩れやすい場所。③激しく浸食された場所。

▼環境確認と備え：崖地や急傾斜地でないか、土砂災害警戒区域等に指定されていないかを確認する。該当する場合は豪雨時等に崩壊の可能性があるので気象警報や土砂災害警戒情報に注意したい。河川氾濫地を示すことも多いので、周囲に河川がある場合は豪雨時の出水にも注意が必要。海岸沿いに該当する場合は津波痕跡を示すことが多い。津波警報等発令時には速やかな避難を心掛けること。

クス・クズ・クヅ　▼崩壊地名・水害地名

【樟葉】【楠】【九頭竜川】【葛生】【青崩】

①崩壊地。②地すべり地。③河川の氾濫地。

▼環境確認と備え：崖地や急傾斜地でないか、土砂災害危険区域や警戒区域等に指定されていないかを確認する。該当する場合は豪雨時等に崩壊の可能性があるので気象警報や土砂災害警戒情報に注意したい。山際の土地や谷口に位置するケースでは、土石流や鉄砲水の可能性もある土

地なので豪雨時には注意が必要。気象警報や土砂災害警戒情報などが出された場合は早めの避難を心掛けたい。山間地の緩斜面地であれば地すべり地の可能性が高い。周囲に河川があれば氾濫地を示す。豪雨時には気象警報や河川に関する情報に注意したい。

クテ　▼水害地名

【長久手】【細久手】

低湿地。

▼環境確認と備え：河川沿いに多い地名で、氾濫痕跡を示す。過去の水害履歴を確認しておきたい。該当する場合は豪雨時の気象警報や河川に関する情報に注意を払い、避難勧告等には速やかに従うこと。

クボ　▼水害地名

【大久保】【荻窪】【恋ヶ窪】【窪川】【久保田】【水窪】

①窪地・凹地。②水がたまりやすい場所。

▼環境確認と備え：谷地や凹地など、周囲に比べて低い土地でないかを確認する。該当する場合は豪雨時に湛水しやすい場所なので注意が必要。都市部では川が暗渠になっていることが多く、その場所が谷地であることに気付きにくい。こうした場所はゲリラ豪雨等急激な出水にはとくに弱い。住居にはあまりお薦めできない場所。

クマ　▼崩壊地名・水害地名

【熊本】【球磨川】【久万】【熊川】

①崖地、地すべり地。②河川の蛇行で水流があたる場所。

▼環境確認と備え：周囲が崖地や急斜面等でないか、土砂災害警戒区域等に指定されていないかを確認する。また、緩斜面の場合は地すべり地の可能性が高い。該当する場合は豪雨時等に崩壊や地すべりの可能性があるので気象警報や土砂災害警戒情報に注意したい。河川沿いの場合は氾濫地を示す。該当する場合は豪雨時の出水に注意が必要。気象警報や河川に関する情報等には注意したい。

クラ・クリ・クル・クレ・クロ　▼崩壊地名・水害地名・津波地名

【佐倉】【桜】【蔵作】【大倉】【大倉】【蔵本】【倉掛】【井倉】【鎌倉】【大栗】【栗橋】【栗木】【八栗】【久留里】【久留米】【胡桃】【呉】【暮坂】【波久礼】【黒川】【黒石】【黒坂】

①激しく浸食された場所。②土石流常襲地。③氾濫しやすい場所。

▼環境確認と備え：崖地や急傾斜地でないか、土砂災害警戒区域等に指定されていないかを確認する。該当する場合は豪雨時等に崩壊の可能性がある。気象警報や土砂災害警戒情報に注意したい。谷口に該当する場合は豪雨時の土石流や鉄砲水を警戒したい。危ないと感じたら早めの避難が得策。河川沿いでは氾濫痕跡を示すことも多いので、豪雨時の出水にも注意が必要。海岸沿いに該当する場合は津波痕跡を示す。津波警報等発令時には速やかな避難を。

クワ ▼崩壊地名

【桑名】【桑野】【桑江】

①崩壊地。②土砂堆積地。

▼環境確認と備え：崖地や急傾斜地でないか、土砂災害警戒区域等に指定されていないかを確認する。該当する場合は豪雨時等に崩壊の可能性がある。気象警報や土砂災害警戒情報に注意したい。河川沿いでは氾濫痕跡を示すこともあるため、豪雨時の浸水にも注意が必要。

〈ケ〉

ケミ ▼水害地名

【検見川】【花見】

低湿地。

▼環境確認と備え：周囲に河川がないかを確認する。該当する場合は豪雨時に氾濫の可能性があるので、気象警報や河川に関する情報等に注意が必要。周囲に比べて低い土地であれば後背湿地や旧河道である可能性が高いので水はけが悪い。

〈コ〉

コイ・ゴイ（コヤ） ▼崩壊地名・水害地名

【己斐】【恋路】【五井】【恋ヶ窪】【小屋】【木屋平】
①崩壊地。②土砂が堆積した場所。
▼環境確認と備え：周囲が崖地や急斜面等でないか、土砂災害警戒区域等に指定されていないかを確認する。該当する場合は豪雨時等に崩壊や地すべりの可能性があるので気象警報や土砂災害警戒情報に注意したい。河川沿いの場合は過去の洪水で土砂が堆積した氾濫原を示す。該当する場合は豪雨時の氾濫に注意が必要。気象警報や河川に関する情報等には注意したい。

コウチ　↓「カワチ」を参照

コエ・コシ　▼崩壊地名・水害地名・津波地名
【打越】【山古志】【腰越】
浸食を受ける場所。
▼環境確認と備え：崖地や急傾斜地でないか、土砂災害警戒区域等に指定されていないかを確認する。該当する場合は豪雨時等に崩壊の可能性がある。気象警報や土砂災害警戒情報に注意したい。河川沿いでは氾濫痕跡を示すことも多いので、豪雨時の氾濫に注意が必要。海岸沿いに該当する場合は津波痕跡を示す。津波警報等発令時には速やかな避難を。

コマ　▼崩壊地名・水害地名
【高麗】【駒込】【駒場】【巨摩】【駒ケ岳】

①崩れやすい崖地。②込み入った小さな谷や沢。
▼環境確認と備え：周囲が崖地や急斜面等でないか、土砂災害警戒区域等に指定されていないかを確認する。該当する場合は豪雨時等に崩壊の可能性があるので気象警報や土砂災害警戒情報に注意。河川沿いの場合は氾濫の可能性がある。大河川よりはどちらかといえば小さな沢、台地や丘陵地の開析谷に多い地名で、ゲリラ豪雨など短時間でまとまった雨量になった場合に急激に浸水することがあるので注意が必要。都市部では川が暗渠化されており、谷地であることに気付きにくいので周囲との高低差に気を付けたい。

コヤ　↓「コイ」を参照

〈サ〉

サキ・サギ　▼崩壊地名・水害地名
【三崎】【川崎】【鷺巣】【鷺沼】
①割れたような崩壊地。②川の氾濫で割かれた場所。
▼環境確認と備え：山間地や山際では周囲に崖や急傾斜地がないか、土砂災害警戒区域等に指定されていないかを確認する。該当する場合は豪雨時など崩壊の危険があるので、土砂災害警戒情報等に十分に注意したい。平地では近くに河川がないか確認する。該当する場合は過去の氾濫を示唆する。とくに周囲に比べて低い土地は豪雨時に湛水しやすい場所なので注意が必要。

サク・ザク・サコ　▼水害地名・崩壊地名

【小作】【佐古】【大迫】

①狭い谷底の低地。②谷や平野が狭まった場所。③土石流堆積地。④窪地。

▼環境確認と備え：谷地や窪地など周囲に比べて低い土地でないかを確認する。該当する場合は豪雨時に出水の可能性が高いので、気象警報や河川に関する情報等に注意が必要。山際や谷口では土石流や鉄砲水にも注意が必要。

サル（サラ・サレ・ザレ）　▼崩壊地名

【猿田】【猿谷】【猿橋】【猿倉】

①崩壊地。②地すべり地。

▼環境確認と備え：周囲に崖や急傾斜地がないか、土砂災害警戒区域等に指定されていないかを確認する。該当する場合は過去に崩壊があった場所を示す。また、急斜面の中の平地や緩斜面の場合は地すべり地の可能性が高い。いずれも豪雨時などは土砂災害警戒情報に注意したい。

〈シ〉

シギ・シゲ　▼崩壊地名

【鴫沢】【信貴】【繁藤】【豊茂】

①崩壊地。②地すべり地。
▼環境確認と備え：周囲に崖や急傾斜地がないか、土砂災害警戒区域等に指定されていないかを確認する。該当する場合は過去に崩壊があった場所を示す。また、急斜面の中の平地や緩斜面の場合は地すべり地の可能性が高い。いずれも豪雨時などは土砂災害警戒情報に注意したい。

シシ　▼崩壊地名・水害地名

【宍喰】【鹿】【鹿骨】

①崩れやすい場所。②低湿地。
▼環境確認と備え：周囲が崖地や急斜面等でないか、土砂災害警戒区域等に指定されていないかを確認する。河川や海岸沿いの低地でないかを確認する。該当する場合は豪雨時など崩壊の危険があるので、土砂災害警戒情報等に十分に注意したい。また、低地の場合は周囲に川がないか、周囲より低い土地でないかを確認する。該当する場合は水害の痕跡地であることが多いので、豪雨時氾濫の可能性があるので、気象警報や河川に関する情報等に注意したい。

シナ　▼崩壊地名

【山科】【信濃】【片品】【蓼科】

地すべり地。
▼環境確認と備え：斜面になっていないか、土砂災害警戒区域等に指定されていないかを確認する。該当する場合は緩斜面であっても地すべり地の可能性が高い。とくに棚田を形成している

場合などはほぼ間違いない。該当する場合は豪雨時や積算雨量が多くなった場合等に地すべりの可能性がある。気象警報や土砂災害警戒情報が出された場合は早めの避難を。

シバ　▼水害地名

【芝山】【芝】【柴】【新発田】【芝浦】【柴又】

①氾濫時に冠水する場所。②氾濫時に土砂が堆積した場所。

▼環境確認と備え：周囲に河川がないかを確認する。該当する場合は氾濫の痕跡地であることが多いので、豪雨時には気象警報や河川に関する情報等に注意したい。山間の谷地に該当する場合は豪雨時の土石流や鉄砲水に注意が必要。

ジャ　▼水害地名・崩壊地名

【蛇崩】【蛇喰】【蛇久保】

①土石流など土砂の流出・堆積地。②洪水地。

▼環境確認と備え：谷地など周囲より低い土地でないかを確認する。該当する場合、山際であれば土石流や鉄砲水の危険がある。低地では豪雨時に急激に増水する河川を示す。いずれの場合も気象警報や河川に関する情報、土砂災害警戒情報等に注意したい。

シュク（スク）　▼水害地名・崩壊地名

【宿河原】【宿毛】【三宿】

①河川の氾濫しやすい場所。②河川沿いで崩れやすい場所。
▼環境確認と備え：周囲に河川がないかを確認する。該当する場合は豪雨時に氾濫の可能性があるので、気象警報や河川に関する情報等に注意が必要。周囲に比べて低い土地であればとくに警戒したい。

〈ス〉

スカ・スガ・スケ・スゲ　▼水害地名

【須賀】【須賀川】【須ヶ口】【横須賀】【巣鴨】【菅田】【足助】
①流水が浸食する場所。②氾濫原、低湿地。③地すべり地。
▼環境確認と備え：周囲に河川がないかを確認する。該当する場合は豪雨時に氾濫の可能性がある場所。気象警報や河川に関する情報等に注意が必要。周囲に比べて低い土地であれば住居に適さない。海岸沿いでは津波痕跡を、傾斜地では地すべり痕跡を示す場合が多い。

スキ（ツキ）・スギ・ズキ（ヅキ）　▼崩壊地名・水害地名

【杉田】【若杉】【地附山】【杉山】
①崩壊地・崖地。②地すべり地。③河川が氾濫しやすい低湿地。
▼環境確認と備え：周囲が崖地や急斜面等でないか、土砂災害警戒区域等に指定されていないかを確認する。該当する場合は豪雨時等に崩壊の可能性があるので、気象警報や土砂災害警戒情

報等に注意する。低地の場合は周囲に河川がないかを確認する。該当する場合は豪雨時に氾濫する可能性が高い。気象警報や河川に関する情報に注意したい。

〈ソ〉

ソネ ▼水害地名

【曽根】【大曽根】

①河川の氾濫する場所。②自然堤防。③地すべり地。

▼環境確認と備え：周囲に河川がないかを確認する。該当する場合は豪雨時に氾濫の可能性がある場所。気象警報や河川に関する情報等に注意が必要。自然堤防を意味する場合もあるが、その場合でも周囲には低い土地があるため、周囲との比高を確認したい。周囲に比べて低い土地の場合はとくに警戒が必要で、住居に適さない。傾斜地では地すべり痕跡を示す場合が多い。

〈タ〉

タキ（タカ・タガ・タク・タケ） ▼崩壊地名・水害地名

【王滝】【多気】【小田切】【鳴滝】【大多喜】【大滝】【高倉】【高浜】【高城】【多賀】【竹沢】【竹田】

①水が激しく流れる場所。②崖地。③地すべり地。④土石流に見舞われる場所。

▼環境確認と備え：周囲が崖地や急斜面等でないか、土砂災害警戒区域等に指定されていない

かを確認する。該当する場合は豪雨時等に崩壊の可能性があるので、気象警報や土砂災害警戒情報等に注意する。また、急斜面の中の比較的平らな土地や緩斜面は地すべり地の場合が多い。低地や谷地の場合は急流の川がないかを確認する。該当する場合は豪雨時の急激な増水、鉄砲水、土石流の可能性がある。気象警報や河川に関する情報に注意したい。

〈チ〉

チャウス ▼崩壊地名

【茶臼山】【茶臼岳】

地すべりの多い場所。

▼環境確認と備え：基本的には山名に多い名称なので居住することは少ないと思うが、地すべりが多い山がほとんどであり、雨が続いた際などには注意を要する。

チョウ ▼崩壊地名・水害地名・津波地名

【銚子】【長者ヶ原】【長者町】

①激しく浸食を受ける場所。②崩壊地。

▼環境確認と備え：崖地や急傾斜地でないか、土砂災害警戒区域等に指定されていないかを確認する。該当する場合は豪雨時等に崩壊の可能性があるので気象警報や土砂災害警戒情報に注意したい。河川氾濫地を示すことも多いので、周囲に河川がある場合は豪雨時の出水にも注意が必

要。海岸沿いに該当する場合は津波痕跡を示すことが多い。津波警報等発令時には速やかな避難を心掛けること。

〈ツ〉

ツエ ▼崩壊地名

【杖立】【中津江】【杖突峠】

崩壊地。

▼環境確認と備え：周囲に崖や急傾斜地がないか、土砂災害警戒区域等に指定されていないかを確認する。該当する場合は過去に崩壊があった場所を示す。豪雨時などは土砂災害警戒情報に注意したい。

ツル ▼水害地名・崩壊地名

【都留】【鶴川】【鶴居】

①氾濫常襲地。②地すべり地。

▼環境確認と備え：周囲に川がないかを確認する。該当する場合は豪雨時に浸水の可能性がある。豪雨時は気象警報や河川に関する情報に注意したい。また、周囲より低い土地の場合はとくに湛水しやすいので住居には適さない。傾斜地の場合は地すべり地の場合がある。豪雨時は土砂災害警戒情報等に十分に注意したい。

〈ト〉

トリ　▼崩壊地名

【鳥甲山】【鳥海】

崩壊地。

▼環境確認と備え：周囲に崖や急傾斜地がないか、土砂災害警戒区域等に指定されていないかを確認する。該当する場合は過去に崩壊があった場所を示す。豪雨時などは土砂災害警戒情報に注意したい。

〈ナ〉

ナエ　▼崩壊地名

【苗場】【青苗】【皆江】

①崩壊地・崖地。②地すべり地。

▼環境確認と備え：山間地や山際では周囲に崖や急傾斜地がないか、土砂災害警戒区域等に指定されていないかを確認する。該当する場合は豪雨時など崩壊の危険があるので、土砂災害警戒情報等に十分に注意したい。緩斜面の場合は地すべりに注意。

ナギ　▼崩壊地名

【草薙】【南木】【奈木野】【奈義】【那岐山】

①崩壊地。②土石流に見舞われる場所。

▼環境確認と備え：周囲に崖や急傾斜地がないか、土砂災害警戒区域等に指定されていないかを確認する。該当する場合は豪雨時など崩壊の危険があるので、土砂災害警戒情報等に十分に注意したい。とくに谷口の場合は鉄砲水や土石流にも警戒が必要。

ナタ・ナダ　▼崩壊地名・水害地名・津波地名

【灘】【名田】【名立】

①崩壊地や地すべり地。②水流に浸食される場所。

▼環境確認と備え：周囲に崖や急傾斜地がないか、土砂災害警戒区域等に指定されていないかを確認する。該当する場合は過去に崩壊があった場所を示す。また、急斜面の中の平地や緩斜面の場合は地すべり地の可能性が高い。いずれも豪雨時などは土砂災害警戒情報に注意したい。平地や谷地の場合は豪雨時に氾濫の可能性があるので注意が必要。海沿いの場合は津波の痕跡地の可能性が高いので履歴を調べておきたい。

〈ニ〉

ニタ　▼水害地名

【仁多】【仁田】【仁井田】

①低湿地。②氾濫原。③軟弱地盤地。

▼環境確認と備え：周囲に河川がないかを確認する。該当する場合は豪雨時に湛水しやすい場所なので、気象警報や河川に関する情報に注意したい。また、多くの場合地盤が軟弱であることから、地震時の揺れが大きい他、液状化のリスクも高い。

〈ヌ〉

ヌタ　▼水害地名・崩壊地名

【怒田】【沼田】

①低湿地。②地すべり地。

▼環境確認と備え：周囲に河川がないか、周囲より低い土地でないかを確認する。該当する場合は豪雨時に水がたまりやすい場所であることから、気象警報等に注意したい。元々沼地であった可能性もあるので、できるなら旧版地図等で土地の履歴を調べて起きたい。もし沼を埋めた土地であれば液状化のリスクもあり、住居には適さない。

〈ノ〉

ノゲ　▼崩壊地名

【上野毛】【下野毛】【野毛山】

①崖地。②地すべり地。

▼環境確認と備え：崖や急傾斜地がないかを確認する。該当する場合は崩壊履歴があることが多いので豪雨時等には警戒したい。また崖下の場合はゲリラ豪雨等の際に集水しやすいので冠水にも注意が必要。

〈ハ〉

ハキ・ハギ　▼水害地名・崩壊地名

【萩】【羽木】【杷木】

①河川の湾曲部。②河川の合流部。③崩壊地。④土石流に見舞われる場所。

▼環境確認と備え：周辺に河川がないか確認する。該当する場合は氾濫の痕跡地なので、豪雨時の増水には注意したい。また周囲に崖や急傾斜地がないか、土砂災害警戒区域等に指定されていないかも確認する。該当する場合は豪雨時など崩壊の危険があるので、土砂災害警戒情報等に十分に注意したい。とくに谷口の場合は鉄砲水や土石流にも警戒が必要。

ハケ・ハゲ　▼崩壊地名

【羽毛】【半家】

崖地・崩壊地。

▼環境確認と備え：崖や急傾斜地がないか、土砂災害警戒区域等に指定されていないかを確認する。該当する場合は豪雨時など崩壊の危険があるので、土砂災害警戒情報等に十分に注意したい。

ハコ　▼崩壊地名

【箱根】【筥崎】【函館山】

崩壊地。

▼環境確認と備え：崖や急傾斜地がないか、土砂災害警戒区域等に指定されていないかを確認する。該当する場合は豪雨時など崩壊の危険があるので、土砂災害警戒情報等に十分に注意したい。谷地の場合は鉄砲水や土石流にも警戒する。

ハタ　▼水害地名

【川端】【幡多】【波田】【幡ヶ谷】【田端】

①端。②川岸・海岸。

▼環境確認と備え：周囲に川がないか、周囲より低い土地でないかを確認する。該当する場合は豪雨時に出水の可能性があるので注意したい。

ハナ　▼崩壊地名

【花折】【花立】【花屋敷】【花貫】

①端。転じて崖。②谷の先端部。
▼環境確認と備え：崖や急傾斜地がないか、土砂災害警戒区域等に指定されていないかを確認する。該当する場合は崩壊しやすい場所なので、豪雨時等は土砂災害警戒情報に十分に注意したい。

ハバ　▼崩壊地名
【羽場】【半場】【飯場】
①崖地・傾斜地。②地すべり地。
▼環境確認と備え：崖や急傾斜地がないかを確認する。該当する場合は崩壊履歴があることが多いので豪雨時等には警戒したい。山間地の比較的平らな土地や緩傾斜地の場合は地すべり跡地を示す場合が多い。

ハブ　▼崩壊地名
【土生】【羽生】【波浮】【埴生】
①崩壊しやすい崖。②自然堤防。
▼環境確認と備え：崖や急傾斜地がないか、土砂災害警戒区域等に指定されていないかを確認する。該当する場合は崩壊しやすい場所なので、豪雨時等は土砂災害警戒情報に十分に注意したい。平地の河川沿いの場合は自然堤防を意味することもある。この場合は自然堤防の上であれば比較的いいが、周囲に比べて低い土地は旧河道や後背湿地であり、住居には適さない。

ハヤシ　▼水害地名
【上林】【小林】【林田】
①氾濫時に浸水しやすい場所。②旧河道。
▼環境確認と備え：周囲に河川がないかを確認する。該当する場合は豪雨時に湛水しやすい場所なので気象警報や河川に関する情報に注意したい。とくに周囲に比べて低くなっているような場所は要注意。この場合は旧河道の可能性が高く、住居には適さない。念のために古い地図等で調べておきたい。

〈ヒ〉

ヒエ（ヒウ）　▼崩壊地名
【日枝】【比叡】【比延】【稗田】
①崩壊しやすい崖。②地すべり地。
▼環境確認と備え：崖や急傾斜地がないかを確認する。該当する場合は崩壊履歴があることが多いので豪雨時の土砂災害警戒情報等に注意したい。山間地の比較的平らな土地や緩傾斜地の場合は地すべり跡地を示す。

ヒナタ　▼崩壊地名
【日向】【日奈田】

急傾斜地。
▼環境確認と備え：崖や急傾斜地がないかを確認する。該当する場合は崩壊履歴があることが多いので豪雨時の土砂災害警戒情報等に注意したい。

ヒラ ▼崩壊地名
【平山】【平塚】【比良】【平尾】【片平】【平子】【平野】
急傾斜地・崩壊地。
▼環境確認と備え：崖や急傾斜地がないかを確認する。該当する場合は崩壊履歴があることが多いので豪雨時の土砂災害警戒情報等に注意したい。「平」の字を充てることが多いので誤解されやすいが、意味は真逆。

ヒロ ▼水害地名・津波地名
【広】【広野】【弘前】【広島】
①氾濫時に水がたまる場所。②扇状地。③津波常襲地。
▼環境確認と備え：近くに河川がないかを確認する。該当する場合は氾濫時に湛水しやすい場所であり、洪水常襲地。豪雨の際には河川の増水に注意したい。谷口であれば鉄砲水や土石流にも警戒が必要。また、海岸沿いであれば典型的な津波地名なので低地は危険。津波警報等発令時には速やかな避難が求められる。

〈フ〉

フカ・フケ　▼水害地名・崩壊地名

【深田】【深瀬】【深見】【福家】【深日】

①低湿地、湖沼の跡地。②崩壊地。③不安定な土地。

▼環境確認と備え：周囲に河川がないか、周囲より低い土地でないかを確認する。該当する場合は豪雨時に水がたまりやすい場所であることから、気象警報等に注意したい。元々沼地であった可能性もあるので、できるなら旧版地図等で土地の履歴を調べておきたい。もし沼を埋めた土地であれば液状化のリスクもあり、住居には適さない。急傾斜地や崖地である場合は崩壊しやすい場所を示す。豪雨時は土砂災害警戒情報等に注意を払いたい。

フキ　▼崩壊地名

【富貴】【吹上】【吹割】【蕗】

崖地。

▼環境確認と備え：崖や急傾斜地がないかを確認する。該当する場合は崩壊履歴があることが多いので豪雨時の土砂災害警戒情報等に注意したい。

フク　▼崩壊地名・水害地名

【福知山】【福原】【福野】【福井】

①崩壊地・地すべり地。②河川が蛇行して水がたまりやすい場所。
▼環境確認と備え：崖や急傾斜地がないかを確認する。該当する場合は崩壊履歴があることが多いので豪雨時の土砂災害警戒情報等に注意したい。山間地の比較的平らな土地や緩傾斜地の場合は地すべり跡地を示す。平地の河川沿いの場合は氾濫時に湛水しやすい場所であることから、河川の増水に警戒したい。

フクロ（フロ）　▼水害地名
【池袋】【袋田】【大袋】【袋井】【不老】【風呂】
①河川が蛇行した袋状の地形で水がたまりやすい場所。②遊水地。
▼環境確認と備え：近くに河川がないかを確認する。該当する場合は氾濫時に湛水しやすい場所であり、洪水常襲地。川が現在直線化、あるいは暗渠化されているケースも多いが、地形はそのまま袋状に残っていることが多く、豪雨の際には集水しやすいので注意したい。

フダ　水害地名・崩壊地名
【札】【札掛】【布田】
①氾濫しやすい低湿地。②崩壊地。
▼環境確認と備え：周囲に河川がないか、周囲より低い土地でないかを確認する。該当する場合は豪雨時に水がたまりやすい氾濫原であることから、気象警報等に注意したい。急傾斜地や崖地である場合は崩壊しやすい場所を示す。豪雨時は土砂災害警戒情報等に注意を払いたい。

〈ホ〉

ホキ（ホカ・ホウキ） ▼崩壊地名

【保木】【穂刈】【箒沢】

①険しい崖地。②地すべり地。

▼環境確認と備え：典型的な崩壊地名。崖や急傾斜地がないかを確認する。該当する場合は崩壊履歴があることが多いので豪雨時の土砂災害警戒情報等に注意したい。山間地の比較的平らな土地や緩傾斜地の場合は地すべり跡地を示す。

ホケ・ボケ（ホッケ・ホゲ） ▼崩壊地名・水害地名

【法華津】【大歩危】【法花】

①崩れやすい断崖地。②地すべり地。③水流が当たる場所で洪水が起こりやすい場所。

▼環境確認と備え：典型的な崩壊地名。崖や急傾斜地がないかを確認する。該当する場合は崩壊履歴があることが多いので豪雨時の土砂災害警戒情報等に注意したい。山間地の比較的平らな土地や緩傾斜地の場合は地すべり跡地を示す。川沿いであれば氾濫常襲地なので豪雨時の増水には十分に注意したい。

〈マ〉

マイ　▼崩壊地名・水害地名・津波地名

【米原】【舞子】【舞鶴】【舞阪】

①崩壊地。②水に激しく浸食される場所。

▼環境確認と備え：崖や急傾斜地がないか、土砂災害警戒区域等に指定されていないかを確認する。該当する場合は豪雨時など崩壊の危険があるので、土砂災害警戒情報等に十分に注意したい。川沿いであれば氾濫地点を示すことが多いので豪雨時には出水の可能性がある。河川の増水には注意したい。海沿いであれば津波に注意したい。

ママ（マ・マメ）　▼崩壊地名

【真間】【欠真間】【大間々】【間々田】【豆坂】【豆津】【馬杉】【馬込】

①河川沿いの急崖。崩壊地。②河川の氾濫地点。

▼環境確認と備え：崖や急傾斜地がないか、土砂災害警戒区域等に指定されていないかを確認する。該当する場合は豪雨時など崩壊の危険があるので、土砂災害警戒情報等に十分に注意したい。河川沿いの場合は氾濫を示唆する場合もある。過去の水害履歴を調べたい。

マヤ・マユ・マヨ　▼崩壊地名

【摩耶山】【眉山】【迷岳】【真弓峠】

崩壊地・地すべり地。

▼環境確認と備え：崖や急傾斜地がないかを確認する。該当する場合は崩壊履歴があることが

多いので豪雨時等には警戒したい。山間地の比較的平らな土地や緩傾斜地の場合は地すべり跡地を示す場合が多い。

〈ミ〉

ミノ ▼水害地名

【美濃】【箕面】【三野】【見残】

洪水時に水がたまりやすい氾濫地。

▼環境確認と備え：近くに河川がないかを確認する。該当する場合は氾濫時に湛水しやすい場所であり、洪水常襲地。豪雨の際には河川の増水に注意したい。

ミョウガ・ミョウケン ▼崩壊地名

【茗荷谷】【明賀】【妙見】【明見】

①あの世とこの世を分ける場所。転じて恐ろしい場所。②崩壊地。土砂災害履歴のある場所。

▼環境確認と備え：崖や急傾斜地がないかを確認する。該当する場合は重大な崩壊履歴があることが多い。豪雨時の土砂災害警戒情報等に注意したい。

〈ム〉

ムギ ▼崩壊地名

【牟岐】【麦草】【麦倉】【麦崎】

①崖崩れ地。②地すべり地。

▼環境確認と備え：崖や急傾斜地がないかを確認する。該当する場合は崩壊履歴があることが多いので豪雨時の土砂災害警戒情報等に注意したい。山間地の比較的平らな土地や緩傾斜地の場合は地すべり跡地を示す。

ムシ ▼崩壊地名・水害地名

【虫亀】【虫明】【浅虫】

①激しく浸食される場所。②崩壊地。③低湿地。

▼環境確認と備え：崖や急傾斜地がないかを確認する。該当する場合は崩壊履歴があることが多いので豪雨時の土砂災害警戒情報等に注意したい。山間地の比較的平らな土地や緩傾斜地の場合は地すべり跡地の場合あり。低地の河川沿いでは氾濫時に水がたまりやすい低湿地が多い。豪雨時には注意が必要。

ムタ ▼水害地名・崩壊地名

【牟田】【無田】【六田】

①湿地・泥田地・沼地。②地すべり地。

▼環境確認と備え：周囲に比べて低い土地でないか、河川が近くに流れていないかを確認する。

該当する場合は湿地や沼地であった可能性がある。できれば古い地図で土地の履歴を調べておきたい。以前沼だった場合は住居には適さない。該当する場合は水がたまりやすく水はけが悪い場所なので豪雨時の浸水には十分な注意が必要。傾斜地の場合は地下水位が高い地すべり地である可能性が高い。雨が続くようであれば再びすべる可能性があり、注意が必要。

〈モ〉

モチ　▼水害地名・崩壊地名

【持田】【望月】【用石】【用瀬】【望井】【持井】【餅田】

①水がたまりやすい場所。②地すべり地。崩壊地。

▼環境確認と備え：周囲に河川があるか、あるいは周囲より低くなっている土地でないか確認する。該当する場合は豪雨時に水がたまりやすい場所。気象警報や河川の増水に注意したい。都市部ではゲリラ豪雨などの際に急激な出水があるので気をつけたい。傾斜地の場合は崩壊や地すべりが起こりやすい場所であることが考えられる。豪雨時の土砂災害警戒情報等に注意したい。

モモ　▼崩壊地名・水害地名

【大桃】【桃の木】【桃山】【百原】【桃井】【百垣内】

①崩壊地・地すべり地。②河川の蛇行部で氾濫が起こりやすい場所。

▼環境確認と備え：崖や急傾斜地がないかを確認する。該当する場合は崩壊履歴があることが

多いので豪雨時の土砂災害警戒情報等に注意したい。山間地の比較的平らな土地や緩傾斜地の場合は地すべり跡地を示す。川沿いであれば氾濫常襲地なので豪雨時の増水には十分に注意したい。

モリ ▼水害地名・崩壊地名

【大森】【森】【守山】【守谷】【森遠】

①川岸が決壊しやすい場所。②崩壊地。

周囲に河川があるかを確認する。該当する場合は過去の氾濫痕跡を示すので豪雨時には注意が必要。気象警報や河川の増水に気をつけたい。崖や傾斜地の場合は崩壊履歴を示すことが多い。豪雨時の土砂災害警戒情報等に注意を払いたい。

〈ヤ〉

ヤ ▼水害地名・崩壊地名

【矢島】【八島】【矢野】【矢口】【矢向】

①谷地・窪地。②低湿地。③傾斜地。

▼環境確認と備え：周囲に比べて低くなっている土地でないか、あるいは河川沿いの土地でないかを確認する。いずれも該当する場合は氾濫時に湛水しやすい場所であり、豪雨時には気象警報や河川の増水に注意したい。崖や急傾斜地の場合は土砂災害警戒区域等に指定されていないかを確認する。該当する場合は豪雨時など崩壊の危険があるので、土砂災害警戒情報等に十分に注

意したい。

ヤギ ▼崩壊地名・水害地名

【八木】【矢木沢】

①転石地。②浸食を受けやすい場所。

▼環境確認と備え：崖や急斜面がないか、急流の谷がないかを確認する。豪雨時には崩壊や土石流・鉄砲水などの危険があるので気象警報や土砂災害警戒情報等には注意を払いたい。

ヤシキ ▼水害地名・崩壊地名

【屋敷】【花屋敷】【本屋敷】

①谷地・窪地。②低湿地。③傾斜地。

▼環境確認と備え：周囲に比べて低くなっている土地でないか、あるいは河川沿いの土地でないかを確認する。いずれも該当する場合は氾濫時に湛水しやすい場所であり、豪雨時には気象警報や河川の増水に注意したい。崖や急傾斜地の場合は土砂災害警戒区域等に指定されていないかを確認する。該当する場合は豪雨時など崩壊の危険があるので、土砂災害警戒情報等に十分に注意したい。

ヤス ▼水害地名

【夜須】【野洲】【安井】【子安】

①低湿地で浸水しやすい場所。②氾濫原で砂礫が堆積した場所。
▼環境確認と備え：河川が流れていないか、また周囲に比べて低い土地でないかを確認する。該当する場合は浸水しやすい場所であることから、気象警報や河川の増水に注意を払いたい。谷口の場合は豪雨時の鉄砲水や土石流に警戒したい。

ヤチ・ヤツ・ヤト ▼水害地名・崩壊地名
【谷地】【谷地頭】【小谷内】【野地】【谷津】【野津】【八つ山】【谷戸】
①低湿地・沼地。②台地や丘陵地の間の谷。
▼環境確認と備え：多くの場合台地や丘陵地の間の低湿地を表し、水田として利用されていることが多いが、近年は住宅地となっている場所も多い。周囲を傾斜地に囲まれた場所でないかを確認する。該当する場合は、典型的な谷戸地であり、地下水位が高く豪雨時には急激な出水の可能性がある他、周囲の斜面崩壊の可能性がある。気象警報や土砂災害警戒情報などに注意したい。土砂災害警戒区域や急傾斜地崩壊危険区域等に指定されていないかも確認しておきたい。

ヤナギ ▼崩壊地名・水害地名
【柳】【柳田】【簗】
①土手・崖。②河岸が浸食されやすい川。
▼環境確認と備え：崖や急傾斜地がないかを確認する。該当する場合は崩壊履歴があることが多いので豪雨時の土砂災害警戒情報等に注意したい。川沿いの場合は過去の氾濫を示唆すること

が多い。豪雨の際は気象警報や河川の増水に注意を払いたい。

ヤブ・ヤベ・ヤホ・ヤボ　▼崩壊地名・水害地名

【養父】【大藪】【藪塚】【矢部】【小矢部】【谷保】

①崩壊地、崩れやすい場所。②河川の氾濫地。

▼環境確認と備え：崖や急傾斜地がないかを確認する。該当する場合は崩壊履歴があることが多いので豪雨時の土砂災害警戒情報等に注意したい。川沿いの場合は過去の氾濫を示唆することが多い。豪雨の際は気象警報や河川の増水に注意を払いたい。

〈リ〉

リュウ(リョウ)　▼崩壊地名・水害地名・津波地名

【竜ヶ水】【九頭竜】【竜王】【龍ヶ崎】

土砂災害、洪水、津波など過去の災害痕跡を示す。

▼環境確認と備え：多様な災害の痕跡を表す地名であり、環境確認は必須。周囲に川がある場合は豪雨時の氾濫の可能性があるので、気象警報や河川に関する情報に注意。周囲に崖や急傾斜地がある場合は、土砂災害警戒区域等の指定がないかを確認したい。該当する場合は豪雨時等に崩壊や、谷地では土石流の可能性があるので土砂災害警戒情報等に十分に注意する。山間部の比較的平らな場所や緩傾斜地であれば、地すべり痕跡の可能性が大。豪雨や積算雨量が大きくなっ

た場合などは再びすべる危険があるので十分に注意したい。また、海沿いであれば津波履歴がある可能性が高い。津波警報等発令時には速やかな避難を。

〈ワ〉

ワシ ▼崩壊地名
【鷲尾】【尾鷲】【鷲雄】【鷲谷】
①崩壊地。②地すべり地。
▼環境確認と備え：崖や急傾斜地がないかを確認する。該当する場合は崩壊履歴があることが多いので豪雨時の土砂災害警戒情報等に注意したい。山間地の比較的平らな土地や緩傾斜地の場合は地すべり跡地を示す。

ワダ ▼水害地名・津波地名
【和田】【曲処】【十和田】【岸和田】
①川が蛇行する部分の湿地。②洪水氾濫地。
▼環境確認と備え：周囲に比べて低くなっている土地でないか、あるいは河川沿いの土地でないかを確認する。いずれも該当する場合は氾濫時に湛水しやすい場所であり、豪雨時には気象警報や河川の増水に注意したい。

第5章

災害地名の見つけ方

隠れた旧地名を探し出せ

では実際にどのように災害地名を見つければいいのだろうか。とくに伝承地名は新たな行政地名で上書きされてしまっているため、公的な住所としては残っていない状況が多い。それでも伝承地名が完全に消えたわけではない。注意深く見ていくと、ちょっとしたところに残っているのだ。

中世の惣村としての集落名は戦国時代から江戸時代には村名となり、明治に入ると中央集権化に伴い合併が進み、行政区画としての村や町となった。合併で消えた村名の多くは大字名として残り、住居表示実施以降も町名として残っているものもある。こうした経緯で現在の町名が伝承地名を受け継いでいるケースもあるが、地名の示す範囲が本来のものと異なってしまっていることが多く、本来の意味をなくしてしまっている例がほとんどだ。

いっぽう、より小さな範囲を示していた伝承地名は、多くの地域で明治以降も小字として残されていた。とくに地番が小字単位で定められていた地域には小字を残す必然性が存在した。しかしその後、区画整理事業や住居表示が実施されると、いよいよ小字は住所として意味をなさないものになり、ほとんどの地域で廃止されてしまったのである。

しかし住所としての役目は果たさなくとも、小さな地域コミュニティの中では通称名として機能していることも多い。たとえば小学校や公民館、公会堂といった、地区ごとに設置されている公共施設などの名称は、必ずしも現在の市町村名でなく、今でも小字名などの旧地名を採用しているところが案外多いのだ。

東京都北区に「袋小学校」という小学校がある。住所でいうと「赤羽北2丁目」であり、なぜ「袋」？という疑問にあたる。じつはこの辺りは1964年まで「袋町」、1889年までは「袋村」だった。住所表示の実施で「赤羽北」に変わったのだが、小学校は旧地名である「袋」のまま残っている。ちなみに「袋（フクロ）」は河川が蛇行して水がたまりやすい地形を表す水害地名で、実際に新河岸川（河川改修前の荒川）が大きく蛇行する場所に位置している。

ヒントは公共施設ばかりでない。東京都世田谷区に「駒留八幡社」という神社がある。創建が1308年という古い神社で、この神社にちなんでこの辺りは「駒留」と呼ばれていた。現在の住所では「上馬」に位置しているが、交差点名やバス停も「駒留」を名乗っている（区内に駒留中学校もあるが、現在は移転して場所は変わってしまっている）。「駒留（コマドメ）」の「コマ」は込み入った谷地や低湿地を表す災害地名で、実際に台地の中の小さな谷に位置している。

このように、学校も含めた公共施設名、バス停名、交差点名などは、旧地名や小字名を探す際の大きなヒントになる。加えて、病院名や商店名からマンション・アパート名に至るまで、何かしらの手掛かりが残っていることが多いので、ぜひ隠れた災害地名を掘り出してみて欲しい。

地図で確かめる災害地名

こうした手掛かりがないようなケースでは、古い地図で確認することをお勧めしたい。地図は経年変化を修正する形で更新されていくため、古い地名は消えていくことになるのだが、旧版地図と呼ばれる古い地形図を見ることで昔の地名や環境を知ることができる。

国土地理院（茨城県つくば市）及び同院の関東地方測量部（東京都千代田区）では、閲覧コーナーを設置しており、設置されているパソコンを使って旧版地図を閲覧することができる（有料でコピーも可能）。明治時代の迅速測図も見ることができるため、住居表示導入前の地名や、明治時代の旧村名なども知ることができる。

また、地名ばかりでなく、たとえば都市化が進む以前のその場所の地形や土地利用を知ることもできる。河川改修前に川だった部分や沼地を埋め立てた場所や、水田が広がっていた河川沿いの後背湿地が住宅化した場所など、その土地が持っているリスクを自分の目で確かめることができるので、ぜひ足を運んでもらいたい。

国土地理院では、こうした地形図の他にもさまざまな主題図を作っているのだが、中でも土地条件図と呼ばれる図や、治水地形分類図など、その土地の性質を調査して分類した地図が非常に役に立つ。そこからは地盤の良し悪しや、土地固有の災害リスクなどを読みとることができる。地形図と合わせて利用することで、地名が示す災害リスクを地図上で確かめることが可能だ。

災害から身を守る、あるいは財産を守るためには、土地の性質を知ることがとても重要だ。地震も洪水も火山の噴火も、そのもの自体はごく普通の地球の営みだ。しかしそこに人が住み、人的・物的被害を受けることで「災害」が発生するのである。被害は常に土地の性質に依存していて、同じ場所では同じような災害がずっと繰り返されているのである。

「〇十年生きてきてこんなひどい災害は初めてです」とインタビューに答える人たちを見て思う。我々の人生はたかだか100年。それより長いスパンで起こる災害を知る由もない。だけど私たちの祖先は少なからず我々の知らない災害を見ている。その経験を地名として残してくれている。その好意を無駄にしてはいけない。災害をなくすことはできなくても、減らすことはできるのである。

【に】
新方袋 132
新堀 137

【ぬ】
沼袋 94, 150

【ね】
根岸 71
猫実 81

【の】
野毛 156
野蒜 66

【は】
萩 112
萩中 145
萩原 112
波路上 69
長谷釜 63
幡ヶ谷 161
波伝谷 68
鳩ノ巣 110
花釜 63
花田 133
羽田 146
葉ノ木平 72
馬場 85
浜川戸 130
原釜 63
茨島 130
半田 135

【ひ】
東和泉 102
彦糸 134
彦江 134
彦音 134
彦川戸 134
彦倉 134
彦沢 134
彦名 134
彦成 134
彦野 134
日の出 81
樋堀 132
平井 137
平沼 133
平目ヶ平 69
蛭田 66, 130
蛭沼 66
蛭渕 66
樋籠 132
広川町 67
広田町 66
広戸沼 130
広野 67
広野町 66
広村 67
樋渡 34

【ふ】
深沢 155
深輪 130
布田 102
舟来谷 69
船越（舟越）31, 67
舟渡 119
船橋 154
船堀 137

【ほ】
宝珠花 104
堀ノ内 95,148

【ま】
前須賀 64
曲渕 90
真萩平 112
俣野 104
町屋 142
松伏 132
招又 32
豆札 85
丸亀 109

【み】
水元 136
三田 158
南千住 142
南蓮沼 135
美濃加茂 109

【む】
虫亀 73
無田 86

【め】
廻沢 154
目沼 130

【も】
茂田井 135
元和泉 102
本釜 63
本島 130

【や】
矢口 146
八潮 135
柳津 113
柳川 113
柳 84, 113
柳田 113
矢部 104

【ゆ】
雪谷 145
閖上 33, 66

【よ】
横須賀 64
吉川 133
四倉 66
四谷 152

【ろ】
六郷 146
六反山 72

【わ】
若杉 113
早稲田 135, 152
和田 95, 148
渡波 32

【く】
久我山　149
久喜　127
草津　114
草津町　114
草場　114
草水　114
久万　109
球磨川　109
蔵作　84
蔵前　66
栗田　112
栗橋　112, 127
栗山　112
栗生　71
桑江　112
桑田　112
桑名　112

【こ】
小岩　137
糀谷　145
高屋釜　63
古河　127
木籠　73
越谷　132
小菅　136
乞田　80
木幡　99
小船越　69
駒ヶ岳　108
駒込　108
駒場　108, 158
小谷堀　135
小山　104

【さ】
逆井　130
坂梨　85
盛　66
鷺浦　110
鷺巣町　110
鷺宮　94, 110
佐倉　111
桜　111
桜井　111
桜町　111
佐古　99
幸手　127
猿投　109
佐野　137
皿沼　133
猿楽町　161
猿倉山　109
猿田峠　109
猿橋　109

【し】
塩竈　31
潮止　135
鹿骨　137
篠崎　137
柴又　136
渋谷　160
標葉　33
下北沢　153
下丸子　102
蛇崩川　109, 154
蛇喰　109
自由が丘　77
白須賀　64
白鳥　136
新川　130

【す】
水角　130
須賀 64, 130, 133
須賀内　64
須賀畑　64
須賀前　64
須賀町　64
須賀松　64
杉田　113
杉戸町　130
杉山　113
砂町　141
墨田　141
諏訪　90

【せ】
関口　152
瀬田　102
世田谷　154
千駄ヶ谷　161

【そ】
草加　135
祖師谷　155

【た】
高井戸　149
高砂　136
高洲　134
高久　133
滝　72
竹沢　73
種苧原　73
谷中　135

【ち】
千鳥　145
銚子口　132
調布　146

【つ】
築地町　152
堤根　130
椿島　112
椿町　112
都留　109
鶴居　109
鶴岡　109
鶴ヶ曽根　135
鶴間　104
鶴巻　152, 155

【て】
田園調布　145

【と】
道庭　133
戸ヶ崎　134
戸倉　66
戸塚　151
等々力　102, 155
富ヶ谷　161
戸山　152
渡鹿　86

【な】
中井　133
中和泉　102
中島　133
長須賀　64
中曽根　133
長沼　130
中根　158
長町　71
中丸子　102
梨子　113
梨原　113
名取　33
波板　63
浪板　63
浪江　34
波倉　34, 66
浪分　69
楢葉　33

【あ】
相の釜 63
会野谷 133
相原 104
青戸 136
赤岩 132
赤崎 132
赤崎町 66
赤堤 153
赤沼 66, 130
赤羽 119
赤浜 66
赤前 66
明戸 66
阿佐ヶ谷 95, 148
芦橋 130
跡ヶ瀬 86
天沼 148
綾瀬 137
鮎川 66

【い】
飯沼 130
井荻 148
五十嵐 91
井草 148
池上 145
池尻 153
石川町 145
石田 102
石原 141
和泉 102, 149
市谷 152
一之江 137
稲鯨 110
猪方 105
一口 99

【う】
魚沼 132
鶯谷町 161
宇佐 108
鵜鷺 108
宇佐美 108
牛込 108
牛島 108, 130
牛田 108
牛浜 108
後谷 135
牛渡 34
薄葉 72
宇田川町 160
歌津 66
内川 133
内牧 86
宇奈根 102, 155
鵜の木 145
馬込 146
馬路村 108
梅ヶ丘 111
梅里 111
梅田 111, 132

【え】
江古田 94, 150
江花 72

【お】
大枝 132
大垣 113
大川戸 132
大久保 99, 152
大栗 112
大沢 133
大島 130, 141
大曽根 135
大沼 130
大広戸村 135
大袋 133
大谷田 137
荻窪 95, 148
越喜来 66
奥沢 155
奥戸 136
小倉 99
押上 142
落合 151
女川 33, 64
女遊戸 33, 64
女遊部 33, 64
女場 33, 64
小名浜 33, 64
鬼塚 85
小淵 132
親野井 104
折立 71

【か】
柿生 113
鹿帰瀬 86
柿ノ木 113
柿の木坂 158
柿原 113
河鹿 109
鰍沢 109
梶金 73
柏木 151
加須 127
勝浦 113
葛飾 136
桂 113
桂川 113
葛城 113
桂木 113
金谷 84
金野井 104
金町 136
鐘ヶ淵 141
釜石 31
蒲江 63
鎌倉 63
蒲田 145
鎌田 63, 155
釜田 63
蒲戸 63
釜戸 63
釜ノ上 63
釜ノ浦 63
釜舟戸 63
釜前 63
釜谷 63
上荻 95
上北沢 153
上丸子 102
亀有 136
亀田 109
亀戸 140
亀山 109
蒲生 133
鴨川 109
鴨島 109
加屋 113
栢 113
萱島 113
茅場 113
刈谷田 91
川富 133
川野 133
川端 130
川藤 133

【き】
柵浦 133
木売 133
木曽根 135
北釜 63
北蓮沼 130
喜多見 156
砧 155
木野川 130

用語索引

【あ行】
字 50
荒川放水路 124
暗渠 92
イメージ地名 47, 76
越水 52
大字 50

【か行】
カスリーン台風 126
狩野川台風 144
関東大震災 63
関東大水害 105, 117
キティ台風 139
旧河道 57
行政地名 44
慶長三陸地震 27
ゲリラ豪雨 93
小字 50
後背湿地 57, 134
荒蕪地 95
狛江水害 105

【さ行】
災害地名 43
自然堤防 56 ,134
貞観地震 27
白川大水害 87
迅速測図 10
ゼロメートル地帯 122

【た行】
大地溝帯 37
多摩川水害 105
地名 40
天井川 107
土地条件図 14

【な行】
軟弱地盤 2
新潟中越地震 58, 72
西日本大水害 87

【は行】
ハザードマップ 8, 18
破堤 52
氾濫原 56
東日本大震災 26
平成 16 年福井豪雨 84
平成 24 年九州北部豪雨 86, 87
崩壊地名 71

【や・ら行】
遊水地 51
リアス式海岸 59

【参考文献】
小川豊『危ない地名 - 災害地名ハンドブック -』 2012 三一書房
貝塚爽平『日本の地形 - 特質と由来 -』 1977 岩波書店
武光誠『地名から歴史を読む方法』 1999 河出書房新社
谷川彰英『地名に隠された「東京津波」』 2012 講談社
楠原佑介『この地名が危ない』 2011 幻冬舎
鈴木理生『江戸はこうして造られた』 2000 筑摩書房
東京地図研究社編『地べたで再発見！『東京』の凸凹地図』 2006 技術評論社
国立天文台編『平成 24 年理科年表』 2012 丸善出版
林巨樹・安藤千鶴子編『全訳古語辞典』 2001 大修館書店
自然災害・地域防災対策支援センター『地名と災害』 2009
東京都地質調査業協会『技術ノート 東京の地名と地形』 2006
東北歴史博物館『波伝谷の民俗』 2008
松田磐余『武蔵野台地の自然災害』 2006 関東学院大学経済学部教養学会
第 14 回河川整備基金助成事業成果発表会『平成 17 年 9 月関東地方大雨による市街地浸水被害調査と防災対策研究』 2005
三条地域振興局地域整備部『平成 23 年 7 月新潟・福島豪雨被害状況』 2011
中央防災会議「災害教訓の継承に関する専門調査会」『1896 明治三陸地震津波報告書』 2005
国土交通省関東地方整備局・地盤工学会『東北地方太平洋沖地震による関東地方の地盤液状化現象の実態解明報告書』 2011
佐藤浩・中埜貴元『仙台市の丘陵地における地すべり性地表変動の状況』 2011 国土地理院時報
長澤純一『東日本大震災と歴史上の巨大津波との類似性』 2011 仙台時防災安全協会
中央防災会議「災害教訓の継承に関する専門委員会」編『災害史に学ぶ』 2011 内閣府
中央防災会議「災害教訓の継承に関する専門委員会」『1947 カスリーン台風報告書・目次』 2006 内閣府
荒川放水路変遷誌編集委員会『荒川放水路変遷誌』 2011 荒川下流河川事務所
防災科学技術研究所『カスリーン台風 60 年企画展』 http://dil.bosai.go.jp/disaster/1947kathleen/index.html
国土交通省 関東地方整備局『カスリーン台風』 http://www.ktr.mlit.go.jp/river/bousai/index00000002.html
国土交通省『東京湾の大規模高潮浸水想定の公表について』 http://www.mlit.go.jp/report/press/port07_hh_000017.html
防災科学技術研究所『防災基礎講座 災害はどこでどのように起きているか』 http://dil.bosai.go.jp/workshop/02kouza_jirei/firstpage/index.html
農業環境技術研究所『歴史的農業環境閲覧システム』 http://habs.dc.affrc.go.jp/

このほか、学会発表やSNS等で多くの教えや助言をいただきました。この場を借りまして厚くお礼申し上げます。

【地図データ提供】
株式会社地理情報開発

遠藤宏之（えんどう・ひろゆき）
地理空間情報アナリスト。地図会社で地図作成に従事し、写真測量による地形図作成からGIS、地図出版やWeb地図まで幅広く携わる。2003年頃からハザードマップや災害情報図などをテーマにした防災系の共同研究に参加。現在は地図専門誌の副編集長を務める傍ら、ブログやツイッターを利用して地図や防災の普及啓発に努める。

地名《ちめい》は災害《さいがい》を警告《けいこく》する
— 由来《ゆらい》を知《し》り わが身《み》を守《まも》る

2013年2月25日　初版　第1刷発行
2014年12月15日　初版　第2刷発行

著者　遠藤宏之
発行者　片岡　巌
発行所　株式会社技術評論社
東京都新宿区市谷左内町21-13
電話　03-3513-6150　販売促進部
03-3267-2270　書籍編集部
印刷／製本　日経印刷株式会社

定価はカバーに表示してあります。

造本には細心の注意を払っておりますが、万一、乱丁（ページの乱れ）や落丁（ページの抜け）がございましたら、小社販売促進部までお送りください。
送料小社負担にてお取り替えいたします。

ISBN978-4-7741-5429-9　C0025
Printed in Japan